JN296893

告発

〈従軍慰安婦〉

琴秉洞

クムビョンドン

【著】

同時代社

軍の責任は否定できない

フリージャーナリスト
西野瑠美子

アメリカ下院に「慰安婦」決議が提出されたことを機に、日本軍の強制性を認め「お詫びと反省の気持ち」を表明した「河野談話」の認識を覆すような発言が相次いだ。

安倍首相は「旧日本軍が従軍慰安婦を強制的に集めて管理した証拠はない」「官憲が家に押し入って人さらいのごとく連れて行くという強制性はなかった」「間に入った業者が事実上強制をしていたケースがあったという意味で広義の強制性があったということだ」と、強制連行は軍ではなく業者がやったことだという発言を繰り返した。

安倍首相はことさら「狭義の強制連行」を持ち出し、強制したのは日本軍ではないと主張するが、そもそも「河野談話」が認めている強制性は連行のみを指すのではない。談話は強制性の対象を「本人たちの意思に反して」行われた「募集」と移送、管理、「慰安所における生活」としている。

「慰安婦」にされたのは朝鮮人女性に限らず、中国・台湾・フィリピン・インドネシア・マレーシア・東ティモール・ビルマ・グァム・パプアニューギニアなど、日本軍が駐屯したアジア各地の女性たちや、インドネシアの抑留所に収容されていたオランダ人女性などがいるが、そうした日本軍の侵略地・占領地で日本軍の性奴隷を強いられた女性たちの連行形態は、拉致や脅迫によるものが多かった。また、「慰安婦」の徴募に関しては朝鮮半島のように業者が関わったケースや、占領地では地元の有力者に集めさせたケースが多々見られるが、それは、軍の指示・統制下で行われたものである。「狭義の強制」に限定して軍の責任を否定し、業者に強制を押し付けるのはこれまでの調査を無視した責任逃れの抗弁というしかない。

本著でも取り上げられている「副官ヨリ北支方面軍及中支派遣軍参謀長宛通牒案」（一九三八年三月四日付）は、軍と業者の関係を知る上で貴重な資料である。これは軍の了解を得た業者がその「名義を利用」し、「軍の威信を傷つけ、一般民の誤解を招く虞《おそれ》がある」集め方をしているので、今後は「慰安婦」の募集は派遣軍が統制し、募集に当たる業者の選定を周到・適切に行うよう、また、募集実施の際は、関係地方の憲兵・警察との連携を密にするよう指示したもので、「慰安婦」の徴集に当たった業者は軍の指示の下にあったことが分かる。この通牒案は三月四日付けで陸軍省中央に提出（「軍慰安所従業婦等募集ニ関スル件」）され、梅津美次郎陸軍次官、今村均兵務局長らが決裁した。この資料からも、「慰安婦」募集が陸軍中央の指示の下で行われたことは明らかである。

これまで日本政府の調査により発見された資料は、警察庁関係公表資料・外務省関係公表資料・防衛庁関係公表資料・米国国立公文書館・国立国会図書館所蔵資料・国立公文書館・大英帝国戦争博物館所蔵資料（内閣・内務省関係・軍関係・厚生省関係など三八〇件近くに及ぶ（『政府調査

『従軍慰安婦』関係資料集成』全五巻（女性のためのアジア平和国民基金編／龍渓書舎）に収録）。資料は「河野談話」発表後もみつかり、研究者や市民が発見したものも含めればこれまで確認された資料は四〇〇点を越えると思われる。もはや、いかなる理由をつけたとしても軍の責任を否定することはできない。

九〇年代から起こった「慰安婦」被害者の告発は、日本に対して過去をいかに克服すべきかを突きつけてきた。それは「和解」の時代への模索でもある。「慰安婦」政策がいかにアジアの女性たちの尊厳を傷つけた重大な犯罪であったかを内省・表明し、被害者が納得する具体的な施策を早急に講じることが、今、日本が為すべき「和解」の道を開くための責任ではないか。

（「戦争と女性への暴力」日本ネットワーク共同代表）

告発・〈従軍慰安婦〉／目次

第一章　印を押した人びと

1　一枚の陸軍省文書

●「大臣」が委任

ここに一枚の陸軍省文書のコピーがある（次頁）。この文書の陸軍省内での受領番号は「陸支密亜第二一九七号」である。

「軍慰安所従業婦等募集ニ関スル件」（『戦場日誌にみる従軍慰安婦極秘資料集』琴秉洞編・解説、緑陰書房、一九九二年　以下『極秘資料集』と略す）とあり、陸軍省兵務局兵務課が起案したもので、主務課である兵務課長（大佐と推定される）「千葉」という印認が押されている（部外秘の「陸軍省職員表」によると、兵務課員に工兵中佐・千葉熊治という名があり、この人物と推定される）。この文書が提出されたのは「一九三八年（昭和一三年）三月四日」。大臣官房が受領したのも同日であり、一週間後の三月一一日には結了となっている。上司の決裁印としては、「主務局長」

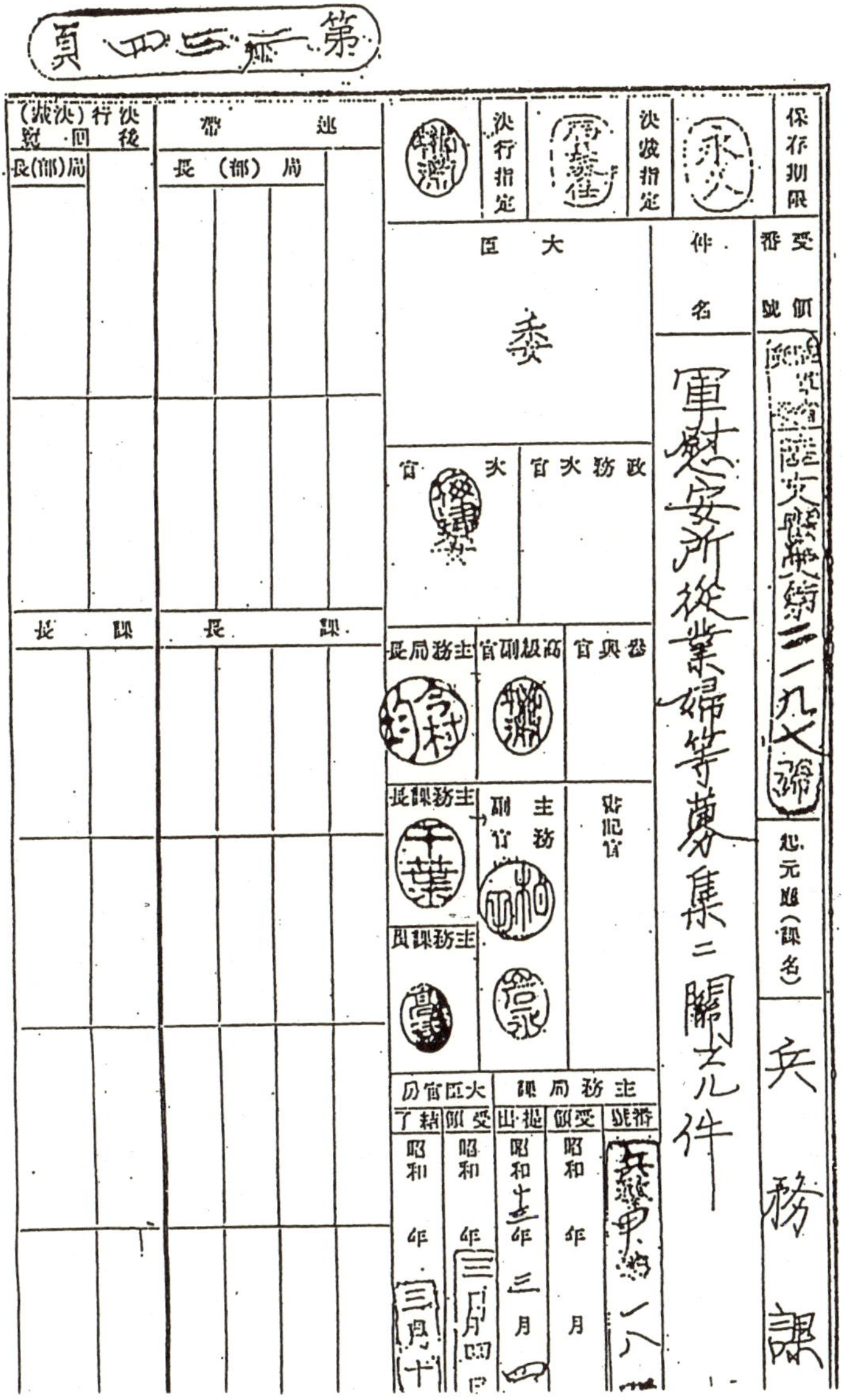
保存期限
永久
決裁指定
決行指定
受付番號
陸支密受第二一九七號
件名
軍慰安所從業婦等募集ニ關スル件
起元課（課名）
兵務課
大臣
委
次官
政務次官
參與官
高級副官
主務局長
今村
主務課長
千葉
主務課員
主務副官
秘書官
昭和
年
月

つまり兵務局長の「今村均」(今村はこの時少将だが、三ヵ月後には中将に昇進した)という印と、陸軍次官の「梅津」(中将)という印が押されている。

「大臣」の欄には、ゴム印と思われる「委」という印が押され、この文書の「保存期限」は「永久」である。官庁勤務の人に尋ねると、「委」とは自分が印を押さなくても、あらかじめ、その案を了承し許可を与えることという。つまり「委」とは委任、任せるということだろう。

●印を押した人々

一体この一枚の陸軍省文書は何を物語っているのか? それに、この書類に印を押して軍慰安所従業婦募集案を決裁し、この慰安婦募集を国家政策として推進させた兵務局長今村均、陸軍次官梅津美治郎、その案をあらかじめ了承して全的にこの事業の推進を「委」せた陸軍大臣とはいかなる人物であろうか。今、朝鮮と日本の間で大問題となっている「朝鮮人従軍慰安婦」問題の根幹に関わることが、実にこの一枚の陸軍省文書に集約されているのである。

ちなみに、この時の陸軍大臣は大将杉山元であり、首相は近衛文麿である[1]。すなわち、この従軍慰安婦募集案が陸軍省中央で決裁をみたのは第一次近衛内閣の時である。杉山元という人物は、旧日本陸軍の三大要職といわれる陸軍教育総監、陸軍大臣、参謀総長を歴任した数少ない存在で、一九四〇年一〇月には元帥になったほどの重鎮である。彼は日本敗戦後、敗戦の責任を取った形で自決している。敗れて天皇に申し訳ないということで自ら命を絶ったのである。いうならば、従軍慰

日本降伏文書に調印のためミズーリ号に乗船した重光葵と梅津美治郎。

安婦募集を命じた軍の最高責任者は、天皇にもっとも忠実な軍人であったということである。

従軍慰安婦募集の件を決裁したこの文書の次官の欄に印を押した梅津美治郎は、明治のはじめに誕生した日本軍部の数ある将帥の中でただ一人、変わった歴史的任務を帯びていた人物でもある。

一九四五年九月二日、彼は陸軍参謀総長の職で重光葵《まもる》外相とともに全権となり、米戦艦ミズリー号上で全日本軍を代表して降伏文書に署名するのだが、彼らの他に外務、陸軍、海軍の三省から各三人の随員、計一一人が参加した。この時参加した外務随員の一人は次のように書いている。

「杖をひく隻脚の重光全権を先頭に、我々は艦橋を登った。重光外相は十五年前上海事変(2)の際、爆弾で左脚を失ひ、義足を用ひている。あたかも彼が一歩ごとに呻吟すると、他のものがこれに嘆息を以て答へるかのやうであった」（加瀬俊一『ミズリー号へ

の道程』文芸春秋新社、一九五一年）
この時の重光全権の姿は象徴的である。重光外相は片足がなく、義足であった。重光は朝鮮人・尹奉吉青年(3)の投じた爆弾によって片足を飛ばされていたのである。

●重光全権の姿

一九三二年四月二九日、この日上海の虹口《ホンキュ》公園で日本軍の観兵式と天長節（天皇誕生日）が行われ、上海派遣軍司令官大将白川義則、第九師団長中将植田謙吉、海軍第三艦隊司令長官大将野村吉三郎、そして公使として上海に在った重光葵など七人が、祝賀壇上にいた。実に堂々たる顔ぶれである。ここで尹奉吉義士の転がした爆弾は壇上で炸裂して、白川大将と他一人の二人が死亡し、植田師団長は重傷、野村海軍大将は左眼を失い、重光は片足を切断して、やっと命をとりとめたのである。

その重光がミズリー艦橋を「一歩ごと呻吟」して登っていく。この姿は、連合国側に降伏文書に署名しなければならない辛さと、同時に上海で朝鮮人義士に片足を奪われた苦痛が二重うつしになって人々の眼に焼きついたはずだ。重光、梅津全権の署名の後に、連合国代表の署名が続く。米国、中国、英連邦、ソ連、豪州、カナダ、仏、オランダ、ニュージーランドの九ヵ国である。

だが、心ある人々、そして透徹した史眼の持ち主は、重光全権の杖をついて義足をひき、一足ごとに呻吟する姿に見たであろう、この席に参加していない唯一の「国」、民族の代表のあったことを。

亡国以来、主として中国各地で強大な日本の力にたたかいを挑み続けている唯一の国朝鮮、まさに朝鮮民族の代表こそはこのミズリー号上の影の参加者といえる実質を具備した存在であることを、重光日本全権が、その姿で示してくれたことであった。

2　狂った運命の歯車

●降伏使節に白羽の矢

たたかいに敗れて国が降伏し、その降伏使節に選ばれるということは誰しも好むことではない。殊に日本軍は東条英機(4)が陸軍大臣の時、「戦陣訓(5)」なるものを作っているが、ここでは陸海の全軍人に「敵の捕虜となるくらいなら死ね」と教えている。「生きて虜囚の辱めを受けず」というのである。

全日本軍七百万を代表して降伏文書に署名するということは、虜囚の辱めどころではない。国として、軍としての敗北を公認することである。

自らの作戦能力の劣れるを容認し、天皇を戴いた「皇軍」の無敗性と大和民族の優秀性を国民に強調して信じ込ませた虚構性を認めるだけでなく、明治以来、数十年にわたって築き上げた巨大な軍事機構の崩壊を意味するものだけに、職業軍人、つまりプロの軍事家としてのプライドを傷つけること、これ以上に甚だしいことはない。故に、重光、梅津両全権に決定をみるまでには幾多の曲折があった。降伏使節の指名を誰もが嫌がって、それらしい人物は態よく逃げをうったのである。梅津も嫌がったことでは人後におちない。彼は「全権を命ぜられれば自決する」とさえ言っていた。その彼に白羽の矢が立ったのである。昭和天皇が彼を呼んで、こんこんと要請したので遂に引き受けたというから、梅津もやはり天皇の忠臣たるを示したことになろうか。

●奇異に思える積極性

この陸海を合わせた巨大を極める全日本軍を代表して降伏文書に署名することになる梅津が、軍慰安婦募集の件を決裁する陸軍省文書に、自分の印を押した人物としては最高位の陸軍次官として名を留めているのである。梅津は大分県中津の生まれで、陸軍士官学校は一九〇三年卒の十五期。陸軍大学は一九一一年卒で恩賜賞（天皇からの賞）を受け、御前（天皇の前で）講演をトップでやっている。陸軍大学同期には有名な永田鉄山（陸軍省軍務局長の時に省内で斬殺される）がいた。知人の梅津の総合評として、温厚、着実、頭脳明晰で「聖人」の扱いを受けたという。

梅津が陸軍次官の時、整備局長として梅津を支え、後に大将になった山脇正隆によれば、梅津は「決裁」する時、つねに「いいでしょう」と言い、「それでやれ」とか「こうしよう」とか決して歯切れのよい言葉は吐かなかったという。それくらい「石橋をたたいても渡らない」といわれる慎重居士の梅津が、この軍従軍慰安婦募集案の決裁の時は、次官の欄にすでに「委」の印が押してあって、わざわざ自印を押さなくともよかったはずなのに、何と「委」印の上に重ねて梅津自身が自印を押しているのである。軍従軍慰安婦募集の件で、陸軍省の実質的責任者梅津の奇異に思えるくらいの積極的人間性をここで見たと言っては礼を失することになるだろうか。

梅津が陸軍次官の要職にあったのは、一九三六年三月から三八年五月末までの二年二ヵ月余りであるが、彼の次官の時に中国への全面的侵略戦争の引き金となる一九三七年七月七日の蘆溝橋事件(6)が起こる。この時、陸軍の中央で「不拡大方針」を主張する者がいた。軍務局長の中将後宮淳と参謀本部第一部長の少将石原莞爾がその代表格である。石原は「満州事変」時の関東軍参謀で中央の不拡大方針を無視して事変拡大につとめ、ついにはカイライ満州国を造り上げるに功のあった男だが、今度は参謀本部に居て不拡大を唱えていた。満州侵略がひいては中国への全面侵略となり、ついには太平洋戦争となるのだから石原の無責任も論外だが、不拡大派の後宮と石原を陸軍次官梅津は陸軍中央から追い出し、省内を拡大派で固めようとしたのである。梅津の中国侵略戦争での責任の重さが量れよう。

●東条台頭のきっかけ

その梅津が首相近衛の杉山嫌いのとばっちりを受けて次官の職から去ることになる。近衛と杉山は仲が悪く、近衛は「杉山、あれはバカだよ。万事、梅津任せだ」と言っていたそうだが、実は、参謀本部の多田参謀次長とその子分の石原が不拡大派で、陸軍省の杉山陸相、梅津次官などが拡大派で対立していて、この時は不拡大派に傾いていた近衛が杉山と梅津を中央から追い出し、当時不拡大派と見られていた板垣征四郎を陸相にする。梅津は第一軍司令官（任地は中国山西省）に補されるが、自分の後任次官として東条英機の就任を強く要請して実現させた。東条はこの時関東軍参謀長で拡大派であった。

東条は陸士十七期で、梅津の二期後輩にあたる。ところが運命の歯車は変わった演出をするもので、東条はこの陸軍次官就任によって中央の舞台で注目されるようになり、次には陸軍大臣、そして首相となって間もなくアメリカに宣戦布告をする順序となり、日本の運命は坂を転げ落ちるように加速度がつく。じつにその端緒は梅津が拡大派の東条を後任次官に強く推したことで開かれたと言っても過言ではない。そして梅津は後に、この東条の推挙によって参謀総長になる。

3　ひんしゅくの「慰安所」

●梅津と今村の私的関係

従軍慰安婦募集に関する兵務課起案文書の主務局長欄に、決裁の印を押した今一人の重要人物に兵務局長今村均がいる。彼は一八八六年（明治一九年）、仙台市に生まれた。父は判事であった。陸士は十九期、梅津よりは四期、東条には二期、後輩である。以後の今村の軍歴を簡単に見ると、仙台の歩兵第四連隊勤務を皮切りとして、一九一〇年、即ち朝鮮完全占領[7]の年には仙台にあった第二師団とともに朝鮮入りし、彼の連隊は羅南に駐屯する。朝鮮勤務はこの時二年間。仙台の連隊に帰った後は陸軍大学の筆記試験に合格し、次の試験の「戦術」について、東京でその時参謀本部勤務中の梅津の下で毎晩二時間教えを受けた。梅津と今村はこの時すでに私的にも親密な関係にあったのである。

ところで今村も陸大卒業の時、大正天皇の前で御前講演をやっている。その後、中隊長、連隊長、旅団長、関東軍参謀副長、師団長などの実戦部隊の指揮官にもなっているが、この間にも、軍務局や参謀本部などの陸軍中央部での政策起案関係の勤務期間が長い。

そして一九三八年一月に陸軍省兵務局長になり、三月に問題の従軍慰安婦募集を決定する主務局の長として問題の印を押すのである。この頃、今村は陸軍中将になり、この年の一一月末、第五師団（広島師団）の師団長に「親補」（天皇が直に任命）され、戦地中国南部に飛ぶ。この師団はソ連と日本軍とのノモンハン事件(8)もあって、一旦は満州に行くが、「日ソ停戦」となってまた「南支」南寧攻略を命ぜられる。

●東条の轍を踏む

やがて一九四〇年三月、彼は陸軍教育総監部本部長として東京に戻るが、この時今村は陸軍大臣の東条から「戦陣訓」の立案を命ぜられ、部下や民間人（島崎藤村などを含む）の協力を仰いで「戦陣訓」を作成する。これは陸相東条英機の名で発表される。職務とはいえ、彼はその知識と筆

上海の陸軍直営慰安所。長屋式の建物の前で兵士たちは順番を待った。
(『写真記録日本の侵略：中国朝鮮』)

力を買われ、すでに明治天皇の「軍人に賜りたる勅諭」(軍人勅諭)[9]があって、軍人教育の基本となっているものがあるにもかかわらず、屋上、さらに屋を架すごとき東条の愚想に手を貸している。これは、彼の権力者に弱い一側面を見せた場面でもあろう。本当にシンの強い人間なら、天皇の「軍人勅諭」の存在を理由に、首をかけても断る場面であったろう。

もっとも彼の生涯には、まったくの偶然かも知れないが、もう一回、東条を真似たようなことが起こる。自決失敗である。日本敗戦直後、陸相阿南や元帥杉山をはじめ何人かの軍指導者は天皇への責任から自決しているが、連合国から戦争犯罪人に指名された東条は逮捕直前にピストル自殺を図り、未遂に終わっている。元首相近衛も戦犯裁判に付されることを恥として自殺していて、東条が死のうとしたことは理解できないことはないかも知れないが、未遂に終わったということで、日本人の多くは当時痛烈に批判した。武人のクセに自決し損なうとは何ごとだ、というのである。

今村は第八方面軍司令官として、ラバウルに着任していたが、敗戦後、ラバウルの豪軍戦犯収容所に入れられ、一九四六年七月に青酸カリを飲み、吐いて死ねず、さらに刃物で喉を切ったが未遂に終わった。大事なところで東条の轍を踏んだことになる。

●「軍人六十年の哀歓」

ところでこの今村にもう一つ、従軍慰安婦と関連した問題がある。一九四〇年二月中旬、南中国、南寧でのこととして、自著の中で「慰安所」という一項を設けて慰安婦のことを書いている。

南寧で軍の指導部二〇人ほどの夕食会の席で、軍の管理部長が「今日自動車で十五名ほどの抱え主につれられて、百五十名の慰安婦が到着し、軍管理部で家屋の都合をつけたいのだが、全部、南寧に留めたがよいか、八キロ離れた近衛部隊の方に何名ほど移らせたらよいか」と近衛旅団長の桜田少将に尋ねる。近衛兵というのは、本来の任務は天皇を護る軍隊である。桜田旅団長は直ちに言う。

「近衛の兵は、いくらかほかとは違っており、その方のご心配は無用にしていただきます」

「右の日から十日ほどたち、憲兵隊が各部隊の南寧慰安所利用状況を一表にして、参考のためといい、各隊に配布してきた。

それによると……近衛部隊の者が一番多」かったという（今村均『私記・一軍人六十年の哀歓』芙蓉書房、一九七〇年）。

そして今村はこの本の中で次のように書く。

「慰安所というのは、将兵の性的慰安のためのところであり、わが国内では、戦地のこの種施設をひんしゅくする人が多い。これはわが国軍だけのことでなく、列国軍もともに『特殊看護婦隊』の名でやっているとのこと。私もこの名のほうがよいと思う」

さすがに兵務局長として従軍慰安婦募集を命じた主務局の長である。この問題に限っては実に断乎としていた。

第二章　慰安婦問題の背景

1　シベリア出兵の教訓

●慰安婦前史

朝鮮人「従軍慰安婦」問題はどういう背景から生起し、どう展開されたのであろうか。またこの問題の本質と意味は何だろうか。そして、現在のように、朝鮮、日本の国家・民族間だけの問題にとどまらず、広くアジア的規模に裾野を広げ、世界的に注目されるようになったのはなぜであろうか。

この項では、この問題の背景に何があったかについて、若干の考察をしてみたい。

一般的に、女性が自己の性を売るという行為は「最古の女性の職業」といわれるくらい古いとされるが、軍に従って春をひさぐ女性のあったことは、中国古代の史書にも散見されるという。これらはその根底に生活の困窮と貧困があったこともあり、この問題は基本的には、貧困がなくならないかぎり根絶不可能なことなので、現代に至るまで絶えることはなかったと言える。

軍隊との関連で日本の近現代に照らしても、日清戦争[10]、日露戦争[11]、シベリア出兵[12]時にも日本から女性たちが身一つで、朝鮮、または中国大陸に渡っていることは明治・大正期の新聞や諸研究によっても明らかである。

推理物、事件記者物で知られる島田一男氏の『中国大陸横断』（徳間書店、一九八五年）によると日露戦争時、シベリアお菊という女がいたという。中国や沿海州あたりにまで流れ歩いた女性らしいが、当時、大連を占拠していたロシア軍に、日本軍のスパイ容疑で捕まり、公園の虎の檻に放り込まれ、虎の餌になったと、これは私が島田氏に電話で聞いた話である。

こうなれば、シベリアお菊は単なる売春婦ではなく、お国のため、天皇のために文字通り身を投げ出して忠義を尽くしたことになるので、第一次大戦時のマタハリや、日本の中国侵略戦争初期の川島芳子などの色仕掛けで情報を取った有名な女スパイたちの大先輩ということになる。だが、シベリヤ出兵時や「満州」侵略時までの軍隊関連の娼婦は、事情はともあれプロであった。しかし、問題の朝鮮人「従軍慰安婦」は、極めて限られた少数の他はそのほとんどが、まったく汚れを知らぬ花の乙女たちであったのである。では、何が朝鮮の乙女たちを、聞くもおぞましい「従軍慰安婦」に狩り立てさせたのであろうか。

●三つの側面

私は、この問題の背景として、三つの側面から考察すべきではないかと思う。

一つは日本の軍隊の特性であり、二つ目は当時の侵略戦争と関連した国家総動員法とその体制とのからみであり、三つ目は朝鮮が日本の植民地下にあって、まったくの無権利状態にあったという点である。

作家千田夏光氏は『従軍慰安婦』（双葉社、一九七三年）を刊行し、この問題にはじめて光をあて、その後も何冊かの関連作を出している。私は朝鮮人「従軍慰安婦」の問題で、千田氏の果たした役割は実に大きく、その後の少なからぬ人々の研究調査の成果はすべて氏の先駆的労作に負うところ大であると思っている。私は氏によって、この問題の背景の大きな問題の一つに、シベリア出兵時の軍人の性病罹病率の増大による戦力低下という事実があることを教えられた。

日本軍のシベリア出兵は、一九一八年（大正七年）から一九二二年（大正一一年）までのことだが、これは当時、レーニン指導のロシア革命が国内を席巻するにつれて、これに恐怖を覚えた米、英、仏、伊、それに日本などの帝国主義列強が、チェコ軍救援を名目として行われたものである。日本の第一義な目的は、ロシア革命を潰すことであり、次にはあの広大なシベリアを奪うことであった。仮にシベリア全土は取れなくともこの地方のシベリア鉄道だけでも手中に収めたいという、まったくの強盗的領土野心からの出兵であった。

だから、当初の七千人という出兵兵力の約束は簡単に破って、一ヵ月後には当初の約束の一〇倍にもなる七万二千人という大兵力を送り込むことになる。ところがここで想像もしなかった敵と遭遇する。性病である。

現在、陸上自衛隊衛生学校にあるこの時の報告書によると三年間の統計で、

戦死　一、三八七人

戦傷　二、〇六六人

性病　二、〇一二人

となっている（千田夏光『従軍慰安婦悲史』エルム、一九七六年）。

●軍管理の確立を構想

性病に罹《かか》って、戦線から脱落した軍人が、戦死者より多い。しかもここの数字は重症者だけだ。軽症者で一時的に戦線から脱落した潜在的罹病兵数は、この数字の五倍から六倍と考えられるので、日本軍は実に思いもかけぬところで戦力の大幅な低下に直面することになる。これが軍の作戦遂行上に大困難をもたらすことは誰の眼にも明らかであろう。

実にシベリア出兵時のこの教訓は、日本軍部の中央指導部をして、軍事作戦上必須の問題として、軍の管理による売春制度の確立を構想させる契機となったと言えるもので、朝鮮人「従軍慰安婦」問題の淵源はこの時胚胎《はいたい》したと言ってよい。

2　南京大虐殺の教訓

●一大地獄絵巻の現出

陸軍中央部が従軍慰安婦の必要性を痛感したのは、シベリア出兵時の教訓からだけではない。彼らが従軍慰安婦問題に本気で取り組まなければならなかった今一つの大きな要因が日中戦争時に大陸で起こる。

それは南京攻略前と攻略後における眼を覆うばかりの強姦事件の大量発生である。

一九三七年七月、いわゆる蘆溝橋事件により中国大陸への本格的侵略を開始した日本軍部は、事変不拡大派を排除して戦線拡大につとめ、近衛内閣の「蒋介石を相手にせず」との拡大政策とあいまって、戦火は国際都市化していた上海に飛び火し、ついには蒋介石の国民党政府の首都南京への攻略作戦となって、抜き差しならぬ泥沼へとはまり込む。

近衛内閣は、上海に大将松井石根を司令官とする上海派遣軍を上陸させて中国軍と戦わせたが、容易に決着がつかなかったので一一月五日には第十軍（司令官は中将柳川平助）を杭州湾に上陸させる。そしてこの第十軍と上海派遣軍を合体させ、新たに「中支那方面軍」として、その司令官に大将松井をあてる。この大部隊が首都南京に向けて進撃を始める。上海から南京までは三〇〇キロメートルあるが、有名な南京大虐殺を前に、すでにこの三〇〇キロメートルの間に、略奪、放火、

南京大虐殺の現場。虐殺されたのち薪を積んで油をかけられて焼かれた死体。（村瀬守保写真集『私の従軍中国戦線』）

殺害、強姦を繰り広げつつ南京に殺到した。

南京攻略は一二月一〇日から始まり、一三日には完全占領をなしたが、この日から六週間の間、南京では世にも恐ろしい一大地獄絵巻が現出した。

「日本侵略軍は南京を侵略占領し、南京の人民に対して六週間に及ぶ人事を絶する悲惨な大虐殺をおこなった。無《む》辜《こ》のわが同胞で、集団虐殺に会い、死体を焼かれて痕跡をとどめなかった者は十九万人以上に達し、また個別分散的に虐殺され、死体が慈善団体の手で埋葬されたものは十五万人以上、死者総計は計三十余万人に達した。……日本軍は入城後、人とみると殺し、女とみると犯し、犯したのちにさらに殺し、……日本軍の殺人の方法は多種多様で、首をはねる、頭をかち割る、腹を切り裂く、心臓をえぐる、生き埋めにする、

揚子江岸の夥しい死体。（村瀬守保写真集『私の従軍中国戦線』）

手足をバラバラにする、生殖器をさく、女性の生殖器や肛門を突き刺す、焼き殺す、水に投げ入れ溺れ殺す、機関銃で掃射するなど、狂暴残虐なこと、人類史上においてもまれに見るものであった」(『証言・南京大虐殺』青木書店、一九八四年)。

●見過せない証言

この大虐殺を辛うじて免れた幾人かは、戦後、東京での極東国際法廷で詳細に生々しく証言している。大将松井石根はこの南京事件の責任を問われて刑死するわけだが、ここに見過ごすことのできないのは、松井の旧部下たちが松井弁護のためにこの法廷で証害した内容である。

「十二月十三日夕刻、単身偵察のため南京南門から入城した。彼我の死体が点々と散在、……常民の死体は見なかった」(大杉浩少尉・第三師団)

「私の部隊は十二月十五日南京に入城、……私の師団は全部外出を禁止され、従って一人の不法行為者もなかった」(大内義秀少尉・第九師団)

「私は大将の精神を部下に徹底させ、放火、殺人、掠奪、強姦などなきように部下を戒めた。……中国軍が日本軍の行動を妨害しようとしていわゆる清野戦術による放火破壊をやった」(脇坂次郎大佐・第九師団第三十六連隊長、いわゆる南京一番乗りの部隊)

「十二月十九日、私は南京で中山路から下関まで巡視したが、中国軍の死体は見なかった」西島剛少佐)。「南京入城直後に火事の跡を見た。これは中国軍の常套手段たる清野作戦で、中国軍が退却

のとき放火したものであるとのことであった」（中沢三夫中将・第十六師団長）
「私は十二月十六、二十の両日と年末の三回南京城内を巡視したが、数万の虐殺死体など夢にも見なかった。組織的放火のあったことは見たこともないし、報告も受けたことはない」（飯沼守少将・上海派遣軍参謀長）

●〈集団幻覚〉か

「杭州湾上陸から南京へつくまでの間に、約二十件の軍紀犯および風紀犯を処罰した。風紀犯で困ったのは和姦か強姦か不明なことであった。というのは、中国婦人のあるものは日本兵に対し自ら進んで挑発的態度をとることが珍しくなく、和合した結果を良人または他人に発見されると、婦人の態度は一変して、大袈裟に強姦を主張したからである」（小川関次郎・第十軍法務部長）
「戦場では戦術としての放火は日本軍も中国軍もやった。……捕虜のうち幾人かは一般労務につかっていたが、残虐な扱いはしたことない」（榊原主計少佐・上海派遣軍参謀）
法廷での松井の旧部下たちの証言を信ずれば、南京大虐殺は中国人、欧米人が集団で見た幻覚か幻想ではないかと思う他ない。

3　珍しい恥知らずな人々

●正邪黒白の主張

南京を占領した松井石根大将の旧部下たちの証言を聞いていると、松井司令官以下の将校や兵士たちは厳正に軍隊規律を守って、一般人は殺さず、放火はせず、強姦もほとんどなくて、あったとしても本当は日本兵の素晴らしさを知って自ら進んでのこと、つまり合意の上での和姦であったのに、良人や他人に見られたので態度を一変して大袈裟に強姦されたと主張しているだけで、まったくのウソをついている、ということになる。

それに至る所の放火も、日本軍の侵攻を妨害するための中国軍お得意の清野作戦で、中国軍が放火したものであり、日本軍が放火した場合がなかった訳ではないが、「あれは戦場での戦術」で、止むを得ない措置だったと言う。なかでも西島少将などは、中山路から下関まで、一二月一九日という限定つきではあるが、「中国軍の死体は見なかった」とまで言う。ここまで断言されれば、南京で本当に戦闘はあったのか、と思わざるを得ない。実に南京攻略に参加し、入城を果たした日本軍人は松井司令官以下、一兵卒に至るまで、武士道精神と天皇の仁慈と平和を欲する精神を体現した、世にも希な世界に誇るべき立派な人格の持ち主たちであったということになる。

何とも呆れた話で、これくらい恥を知らない人々も珍しい。黒を白と言い、邪と正を逆にして恬《てん》

捕虜となった中国軍兵士。「我が軍に不利」ゆえ軍によって公表は「不許可」となった。（『一億人の昭和史』10巻）

として恥じざるはまことにあっぱれだ。

●御用文人の一団も

それかあらぬか、戦後も大分経って、南京大虐殺はまぼろしだったという物書きが現れて、これに同調する御用文人の一団もこのキャンペーンに加わっている。しかしこれらの人々は、次のような強姦についての証言（ここでは紙数の関係でほんの一部分）に接しても、尚かつ自説に固執するつもりであろうか。

「南京において姦淫された婦女は、一般にいずれもまず姦淫され、そののち殺されている。たとえば黄泥塘の穴ぐらで、楊周氏は輪姦されたのちにさらに銃で殺害された。珍珠巷二三八号では年齢わずか十四歳の幼女伍大毛がまず強姦された後殺害された。日本軍は中華門において妊娠九ヵ月の肖余氏と、十六歳の少女黄柱英、および六十三歳の里の婦人に姦淫を加えた。里の娘で丁氏の娘は中華門の堆草巷で日本兵十三人に輪姦されたのち、その虐待に堪えず、声をあげて助けを叫んだため、下腹部を銃剣で刺されて殺害された」（『証言・南京大虐殺』）。

大将松井の旧部下たちは、これらの証言に接しても、尚、傲然として言うかも知れない。「これは日本が敗戦国になったから、ことさら被害を大袈裟に言っているだけだ」と。

●欧米人の証言

ならば、当時南京や上海にいた欧米人の見聞したものを紹介しよう。

「（十二月）十六日早朝、私たちは初めて婦女強姦事件を聞いた。それは百人の婦女子が日本軍に拉致された事件であった。その中七人は女子大学図書館から連れて行かれた。その他、処々方々で強姦された婦女の数は量り知れなかった」「十二月十七日金曜日。掠奪、虐殺、強姦は相変わらず行われ、増しこそすれ、減る様子もない。昨日、白昼及び夜間強姦された婦女子は一千人に上った。一人の可憐な娘は三十七回も強姦された由だ。また日本兵は強姦に当たって、生まれて五箇月の赤坊が泣き騒いだと言うので、それを締め殺したと言う」「昨夜から二日に亘って七人の日本兵は聖経師資訓練学校に押入って婦女を強姦した。私達の事務所の近くで三人の日本兵が十二歳の女子を強姦した。十三歳の小姑娘も強姦に遭った。私達が駆けつけた時には既に機を失していた」「昨夜一人の将校と二人の兵隊が金陵大学に乗りつけ、その場で三人の女子を強姦し、一人を連れ去った。日本兵は聖経師資訓練学校に数回に亘り侵入し、二十数人の婦女を強姦した」（ティン・バーリイ編『外国人の見た日本軍の暴行』龍渓書舎、一九七二年)。

「マギー［ジョン・G・マギー］」はアメリカ聖公会の南京宣教師であったが、このように証言している。日本軍は南京入城後、ただちに殺人を開始し、間もなくそれは組織的な虐殺に変わった。……日本軍の南京における醜悪な強姦行為では、七十七歳の老婆でさえ日本兵に二度も強姦され、その十二歳の小さな孫娘も再三にわたり日本兵に強姦された」(『証言・南京大虐殺』)。

この他にも、外国人の目撃した暴行、強姦の例は数えあげられないほど多い。国際法廷でも沢山の証言があった。しかし、これらの証言に接しても松井の旧部下たちはこう言うかも知れない。「外国人証人たちは皆旧敵国人だから日本軍を悪く言うのは当然だ」と。度し難い人々だ。それでは当の日本軍人に当時を語ってもらおう。

4　抗日意識強めた南京事件

●罪責感の薄い人々

南京で大虐殺はなかった、あったとしても大ではなく小だとする評論家の一団、及び一部の出版編集者の存在は現在の日本の右傾化にそったものであり、これを論拠にして、右翼的政治家をさらに勢いづかせたという側面は無視できない。

日本の戦争責任を真に明らかにする意味を南京大虐殺の真相究明作業は持っているが、これを学問的、歴史学的見地から一貫して取り組んで来られた人に洞富雄（故人・早大教授）があり、さらにジャーナリストの立場から精力的にこの問題に取り組んでこられた人に本多勝一氏がいる。「まぼろし」論もあるにはあったが、この論者たちも圧倒的な具体的事実の前で次第に沈黙を余儀なくされている形だが、問題の本質的側面の一つは、圧倒的な具体的事実があるにしても、尚、これらの事実を隠そうとし、ついにはまぼろし化しようとするいわば罪責感の薄い人々がいるということである。

●日本軍人の証言

さて、陸軍中央部が従軍慰安婦問題を軍の立場から政策化を構想、起案し、国家政策として権力機構をあげて推し進める今一つの契機となった南京での暴行・虐殺問題につき、侵略戦争に参加した当の軍人の一人はこう書いている。

「日本軍は杭州湾に新たな大兵力（柳川兵団）を上陸させて、ようやく上海戦線を突破、十二月には南京を占領した。この時占領部隊は多数の婦人子供をふくむ大虐殺事件をひきおこし、中国の人々の抗日意識をますます強める結果となった」（井上源吉『戦地憲兵』図書出版社、一九八〇年）

筆者井上氏は普通の兵士ではなく憲兵である。耳慣れない響きを持つが、憲兵でも戦地憲兵である。戦地憲兵は従来の軍の概念にはなかったようで、戦火が大陸内奥部に及ぶにいたって、軍中央部は憲兵の大量養成の必要に迫られ、初めて日本内地に憲兵学校を設立し、井上氏はその第一回の卒業生という。そして中国各地で憲兵活動に携わった人であるが、その戦地憲兵だった人が、南京での虐殺事実を認め、大虐殺は中国人の抗日意識を強めたというのである。

また、当時この南京攻略に参加した第十師団（師団長、中将中島今朝吾）所属の歩兵第二十連隊（福知山）第三中隊の東史郎上等兵は、一二月一八日付で郷里の友人に手紙を送っていて、これが現存しているが、東上等兵は南京入城後の彼の中隊で管理した中国捕虜七千人の管理と関連する問題で次のように書いている。

坑道に埋められた中国人の遺体。（『写真記録日本の侵略：中国朝鮮』）

「一昨日、七千の捕虜の警戒に行く。彼等は逃げ場なく、戦いて見込なく、遂に白旗を立てたるなり。……支那兵は敗残兵となるや否や地方民の服装に変装する為に正否を判ずるに困難なり……此の七千の敗残兵を各中隊に分配し、射殺するものなり。公然と白旗をかかげし捕虜を殺すは、人道的に如何と思われしが、上司の命（令）なれば致し方なし」（下里正樹『隠された聯隊史』青木書店、一九八七年)。

●恨み籠もった悲痛な声

日本軍の南京占領前後の大虐殺と強姦事件については、被害者の中国人はもとより、当時中国の首都であった関係上、ヨーロッパをはじめとする諸外国の外交官、商人、宣教師、ジャーナリスト、旅行者たちの目撃するところとなり、これが世界中に一斉に広がることになる。それらの紹介は省かせてもらうが、これにより日本の評判は一挙に、しかも決定的に悪くなるのは理の当然である。

更に悪いことがある。それは当の中国民衆の抗日感情、反日感情の火に油を注ぐことになって、どんなにしても消すことのできない憎悪の炎を燃え立たせたことであり、一部の漢奸(売国奴)以外の中国人の団結を固めさせたことである。日本侵略軍は、広漠果てなき中国大陸で、しかも四億(と当時いう)の人々の敵意の中で生活し、行動しなければならなくなったのである。

これらのことの予測がつかなかった日本の軍部、政財界支配層はもとより一般国民も、首都南京さえ落ちれば中国は降伏すると信じていたので、南京落城の報が一たび伝わるや、日本の街という街、村という村では戦勝祝賀のお祭り騒ぎで、盛大な「ちょうちん」行列をやり「皇軍万歳、天皇陛下万歳」を声を限りに連呼して勝利の美酒に酔いしれていた。本来ならば平和を欲し、他の民族と手を携えていく人々であろう大多数の日本国民は、「皇軍万歳、南京陥落万歳」の大喚声であの中国婦人の千載の怨みをこめた悲痛な声に和していたのである。

第三章　国家総動員法体制下の慰安婦狩り

1　政治家と軍の共同歩調

●朝鮮人民の奴隷状態

陸軍中央部が「従軍慰安婦」募集を構想し、政策として起案・推進し、軍による性処理管理を企図した所以が、一にはシベリア出兵時の性病罹病率の高さから戦闘兵力の低下を招いたことへの教訓、二には南京入城前後の強姦、虐殺事件の大量発生による中国民衆の抗日意識の急速な増大により占領行政に多大な支障をもたらすことになったことへの反省から生まれたとはいえ、これが、ひいては国家政策として朝鮮人「慰安婦」狩りに発展するには少なくともそれらを受容させられた朝鮮を取り巻く現状に触れないわけにはいかない。

即ち当時の朝鮮は日本の植民地であったという現状認識が、正確に把握されないでは、この問題を真に理解することはできないであろう。植民地の民族には主権はなく、基本的に無権利状態で、まさにカイロ宣言[13]にいうごとく「奴隷状態」であった。

ここで日本の朝鮮植民地史にふれるゆとりはないが、端的に言えば、罪もないのに土地や財産を奪われても、理不尽になぐられても、甚だしきは、無残に殺されてドブ川に投げ込まれても訴える所がないということだ。主権を持たない民の苦しみを植民者に理解せよというのは、不可能ではないにしても無理に近い。

●単なる偶然の一致？

それにしても日本帝国主義の朝鮮統治は過酷に過ぎた。故に挙族的な三・一独立運動[14]となったのであるが、三・一後、文化政治なるものも、緩和には非ず、より巧妙に、より狡猾に支配力を強めるものでしかなかった。

ことに一九三〇代年に入ると、恐慌による経済的危機を植民地朝鮮の一層の収奪で切り抜けようとその犠牲を朝鮮に押しつけてくる。そんな中で、本格的な大陸侵略戦争を開始した翌年、つまり一九三八年春には「国家総動員法[15]」を時の第七十三議会で活発な是非論をたたかわせた末に通過させ、四月一日に公布、朝鮮や台湾等には五月四日に「勅令」つまり天皇の命令として施行発布をみた。この法案は全文三十五ヵ条に過ぎないが、実に重大な内容を持っていて、日本人民にも大きな災厄をもたらしたことは勿論だが、植民地下の朝鮮人民にどんなに甚大な災害をもたらしたかは想像のほかである。

最終的には一五〇万人に及ぶ朝鮮人強制連行はこの法によって強行され、問題の朝鮮人「従軍慰安婦」狩りもこの法の適用によって本格化した。

想起されたい。陸軍省最高指導部が「従軍慰安婦」募集の件を決裁したのは、議会で総動員法の是非論がたたかわされていた三月中だということを。ともあれ、日本国民の意志を代表する議会で、議員たちの賛成で正式にこの恐るべき法案は採択されたのであるが、まったく同時期に「従軍慰安婦」募集の件が決められたのである。

●国家総動員法の制定

それにしても、総動員法が議会で、そして「慰安婦」募集が陸軍中央で、時を同じくして決裁されたことは単に偶然の一致に過ぎないのであろうか。

この「国家総動員法」の第一条は次のようにいう（以下カタカナ表記は平仮名に改めた）。

「本法に於て国家総動員とは戦時（戦争に準ずべき事変の場合を含む　以下之れに同じ）に際し国防目的達成の為国の全力を最も有効に発揮せしむる様人的及物的資源を統制運用するを謂う」

さらに第四条にはこうある。

「政府は戦時に際し国家総動員上必要あるときは勅令の定むる所に依り帝国臣民を徴用して総動員業務に従事せしむることを得」

この根本法の各条に依拠して、一連の労働関係諸条令が「勅令」（天皇の命令）で発布されるが、朝鮮人にとり、とりわけ重要なものに、一九三九年七月に発布をみた「国民徴用令」がある。

総動員法公布以後、日本支配層は「国防目的達成の為」の「人的および物的資源を統制、運用する」ため、「必要ある時」に「帝国臣民を徴用」する法的根拠を得、それまでも無法・非法に行われたわが国土と人民に対する略奪と酷使を、今度は「合法的」にしかもより一層周密な計画性と緻密な組織性、そして一貫した体系性と、いささかの曖昧さをも許さぬ峻厳性をもって強要してくるのである。

国家総動員法が議会で審議されていた時、法案の説明員として参加していた陸軍省軍務課の一課員にすぎない佐藤賢了中佐が、議員に対して「だまれ！」と怒鳴ったことは有名だが、この軍の横暴に対し、時の政治家は沈黙したのみか、無事この法案を通過させて、その横暴な軍と共同歩調をとったという事実を一体、どう弁明するつもりであろうか。

2　体系化した総動員法

●永田鉄山の生涯

第二次大戦中、朝鮮人民に計り知れない災禍をもたらしたいわゆる強制連行、即ち奴隷的連行政策の実施は植民地下という、人権無視、民権無視の土台があったからこそ、総動員法という無法極まる悪法をもろに適用して強行することが可能だったし、その延長上のより非道の政策たる「従軍慰安婦」狩りも朝鮮が植民地だった故に実行可能だったのである。朝鮮人民に対する奴隷連行政策の法的根拠となる問題の国家総動員法を立案したのは企画院と陸軍省であることは知られているが、実はこの総動員法の早くからの熱心な研究者にして推進者は陸軍省軍務局長少将永田鉄山その人であった。

永田鉄山は陸士十六期、陸大は梅津美治郎と同期である。陸軍きっての逸材として知られ、とかく地味な梅津とは対称的にその言動は世の注目を浴び、陸軍部内で彼に倣う者多かったというが、陸士一期後輩の東条が永田に兄事して尊敬すること甚だしかった話は有名である。

永田は一九三五年八月、当時陸軍部内にあった統制派と皇道派の対立の余波をまともに受けて、皇道派の相沢中佐に軍務局長室で斬殺された。この永田が第一次大戦後の世界の情勢からみて、今後の戦争は単なる兵力戦から、国内すべての要素をあげての総力戦になるとの判断を持ち、深く国家総動員法の研究を進めていたことはあまり知られていない。永田は陸軍省軍事課長（大佐）の時、満州侵略の謀略を現地で進めていた関東軍の板垣、石原両参謀の計画を事前に了承していた男で、彼は満州を手中にすれば、中国軍との全面対決になり、やがては米英などの帝国主義列強と戦争になるものと読んでいたので、その為の総力戦構想であり、国家総動員法の研究であった。この永田鉄山の遺志を継いだ形の陸軍省とともに総動員法を立案した企画院は、一九三七年一〇月に企画庁と資源局を統合して作られた官庁である。これは中国との戦争の長期化を見越し、総合的な国策を企画する機関として内閣に直属する役所である。そしてこの企画院の官僚は、商工省の岸・椎名といった役人たちとともに、いわゆる「革新官僚[16]」と呼ばれた人々である。星野直樹、岸信介、椎名悦三郎らの官僚は、日本が偽満州国を作った時、満州の最高級官僚として、関東軍参謀長の東条と相許した仲で、実にこの軍部ファシスト集団と革新官僚の一団の握手が対外侵略とその侵略を可能にする物理的保証、つまりすべての人的資源と物的資源を動員できる法律、国家総動員法を制定させた原動力であった。この法案は直ちに各項ごとに政策化が図られ国民に適用されたので、一般の日本人民の苦しみも大きかったが、植民地朝鮮への適用は無慈悲極まりないものでその痛苦は量り知れないものであった。

●〈革新官僚〉の台頭

椎名悦三郎という人物は、戦後の佐藤内閣で外務大臣として朴正熙政権[17]といわゆる日韓条約[18]を結ぶ立役者の一人だが、その彼が東条内閣時、商工省総務局長（後に商工次官）として〈革新官僚〉ぶりを発揮していた時期に出した本がある。『戦時経済と物資調整』（産業経済学会、昭和一六年）という六四二頁に及ぶ大冊だが、この中で椎名は、労力不足の問題と関連して次のように言う。

「昭和十三年以降に於ても生産力拡充計画の進展に応じて労働力の需要は益々増加を見て居る……即ち労働力の給源として新たに犠牲産業の離職者、半島（註・朝鮮人のこと）労働者、小学校卒業者等が考慮に上って来た」（八九頁）として、「尚労務者を得られない場合に総動員法は徴用の手段を認めている」（二五二頁）としたが、この徴用令も徴用をより容易に行えるように一九四〇年一

○月に改正する。そして「国の行ふ総動員業務の外、工場事業場管理に依り、政府の管理する工場事業場、其の他の施設に行ふ総動員業務にも徴用し得る」（二五三頁）とした。

●〈慰安婦狩り〉の元凶

この推名のいうところは、要するに国民（ありがたいことに朝鮮人もこの「国民」に入っていた）に対する徴用をしやすくする、ということである。朝鮮人に対する強制連行が、一層厳しい形で執行されるのは誰の眼にも明らかであろう。岸、椎名などの革新官僚こそ、陸軍中央の梅津、東条、今村らとともに、朝鮮人強制連行と朝鮮人「従軍慰安婦」狩りを法的に、組織的に体系化した元凶といえる。それに「其の他の施設に行ふ総動員業務にも徴用し得る」とは、気になる表現ではある。日本支配層は後（一九四四年）に勅令で女子挺身隊勤労令を実施するが、挺身隊は工場などへの勤労が主であったのに、どういう基準と規定によるかは定かではないが、元「慰安婦」の証言によると、挺身隊を名目とした動員の中から朝鮮人「慰安婦」狩りも行われているので、「其の他の施設」での総動員業務にはいささかひっかかるものがある。

3　軍の独断専行で導入

●二つの必要性

朝鮮人「従軍慰安婦」問題の背景に、一つはシベリア出兵時の性病発生という痛い教訓と、南京における日本軍の大量強姦事件に伴う、占領地での治安の悪化を防ぐという軍中央部の強い要望があったことは既に見たが、もう一つの背景たる、国家総動員法の朝鮮への適用という問題も一応、要約してみたい。

朝鮮人民への奴隷的強制連行政策の強行は、主として次の二つの必要性に迫られてのことであった。第一に、中国大陸への本格的侵略による日本人壮丁の兵力大動員に伴う労働力不足がその直接的契機であり、第二に、侵略地域の拡大と兵器弾薬などの大量消費に伴う、戦時物資増産の要求を充足させるための「予備力」大動員の必要からである。

次の表を見ていただきたい。

日本軍隊の年度別数

一九三七年	六三四、〇〇〇
一九四一年	二、四一一、〇〇〇
一九四二年	二、八二九、〇〇〇

中国・武昌にて。野戦重砲運動会に参加した朝鮮人「慰安婦」たち。厚化粧と「大日本国防婦人会」のたすきに注意。彼女たちは「国防婦人会」に参加させられた。（1939年11月3日撮影）

一九四三年　三、八〇八、〇〇〇
一九四四年　五、三六五、〇〇〇
一九四五年（八月）七、一九三、〇〇〇
（J・B・コーヘン『戦時戦中の日本経済』岩波書店、一九五一年）

これだけの大人口が、工場や鉱山、そして農業などの生産部門から引き離されて、軍隊という非生産部門に配置されるだけでも、大変な労力不足をきたすことは眼に見えているが、それらの大兵力が莫大な弾薬、兵器、食料、衣料などを平時の幾倍、幾十倍も消費することになり、いつ止むか判らない。この負担はもとより日本の勤労人民の上に重くのしかかるが、とくに無権利状態の植民地朝鮮への犠牲の強要は、まさに中世紀の暗黒時代を凌駕する無残さで、その最も顕著な例が、今

上海其美路の小学校校庭における検診参加者。（1938年1月2日撮影）

問題の奴隷的朝鮮人強制連行、強制労働であり、朝鮮人「従軍慰安婦」狩りである。

●朝鮮各地で〈奴隷狩り〉

日本にとり、侵略戦争拡大に伴う労働力不足と、兵力不足を補う最も適した供給地は朝鮮であった。日本の朝鮮に対する当年の戦略的位置づけは、兵站基地化である。地理的に大陸に隣接していて侵略基地として有利なだけでなく、収奪対象たる地下資源を含む豊富な資源に恵まれている。その上、タダ同然に酷使できる数千万の人口がある。日本の支配層たる政治家、経済人、高級軍人たちが朝鮮に眼を付けない方が嘘だろう。

故に国家総動員法ができるはるか以前から、つまり朝鮮に対する完全占領を遂げるや否や、朝鮮の低廉な労働力を使って、自国産業の発展を促し、朝鮮のあらゆる農・工・鉱業生産物を収奪していったのである。従っていわゆる強制連行もゆるやかな「自由募集」という形ではあったが、総動員法施行前にすでに先駆的形態はあったということである。これが、総動員法施行後は、本格的な強制連行となり、まさに奴隷狩りが朝鮮各地で強行されることになる。

●元軍医の証言

これは朝鮮人「従軍慰安婦」問題についても同様のことが指摘できそうだ。一番よい例は、元軍医の福岡市に住む麻生徹男氏の証言である。麻生軍医は「昭和十三年はじめごろ、当時、上海派遣軍の兵站病院」に勤務していたが、そこで軍特務部から「近く開設せらるる陸軍娯楽所の為目下、其美路沙涇小学校に待機中の婦女子百余名の身体検査を行う可し」という命令を受ける。時は正確には「昭和十三年一月二日」であった。

この時、麻生元軍医は百名ほどの女性を検診しているが、日本人は二〇余人ばかりだが、皆その道のプロだったという。残りの八〇人は朝鮮女性で「みな若くて、二十歳になるかならないぐらいの人が多かった。診察するときも、もじもじしてね。まあ処女、身体的に無垢な人たちばかりだった」。

麻生元軍医の意見は朝鮮人「従軍慰安婦」に関する幾多の問題点に実に大事な証言を、客観的にはされている。この問題は、後に詳しく触れたいが、今私がここで問題にしたいのは、麻生元軍医の検診日が「昭和十三年一月二日」だということである。

陸軍中央部で「軍慰安所従業婦等募集ニ関スル件」が決裁され「結了」を見るのは「昭和十三年三月十一日」である。というのは、陸軍中央部で決裁の出る前に、現地軍はすでに「従軍慰安婦」問題を独断で解決していたということである。しかも、国家総動員法公布直前である。ということは、南京陥落時の大虐殺と強姦事件の大量発生に因る占領地の住民と広汎な中国人民の反発に驚いた現地軍が、ここでも軍お得意の独断専行をやったものであろうと推測される。

第四章　皇民化という名の連行

1　皇民化運動の始動

●民族の同化図る

日本支配層は、侵略戦争拡大に伴う労働力不足と、戦争による犠牲者の増大に直面して、植民地朝鮮にその最大の供給源を設定するに際し、①は国家総動員法等に基ずく各種の条令で無理矢理人々を引っ立てていったが、②は、思想面からの同化を図り、朝鮮人が自らの意志で、日本侵略者の政策遂行に協力するよう民族の「改造」にも大きく力をつくしていた。いわゆる皇民化運動（政策[19]）である。

皇民化とは、一口で言って、全くの日本人になり切ることである。朝鮮の強占直後から日本支配層は朝鮮人民に対し、天皇の「一視同仁」観を押しつけて、被支配民族たる朝鮮人に天皇の神の如き偉大さと海の如き仁慈と恩沢とを、ことある毎たたきこみ、朝鮮人の固有の民族的属性を取り除こうと努めてきたものである。これらの結果、一部の文化人、知識人の中に支配層におもねり親日・売族を専らにする者も出てきたし、又、朴正熙のように日本人以上の特等日本人として日本陸軍士官学校を出、同族の独立家、革命家集団の抹殺に専念するような輩が出ない訳ではなかった。しかし多くの朝鮮人は、はじめから事の本質を見透していたし、また永い間の被占領下の体験から、大和民族に非ずんば日本人に非ずと言う、傲慢にして鼻持ちならぬ日本民族優秀論にはそっぽを向いていた。だが、朝鮮を軍事占領し、植民地に組み込んだ日本支配層には、被支配民族の固有の属性に考慮を払う価値などなく、次から次と、民族性抹殺政策を打ち出してゆく。

学校教育から朝鮮語を実質的にはなくしていくように教育令を「改正」し、この朝鮮語抹殺政策では学内のみならず、家庭での民族語使用まで禁じたり、「皇国臣民の誓詞」(三ヶ条)を制定して、あらゆる場合に暗唱させて、「天皇陛下」への忠誠を誓わせた。

挙げ句のはてには、「創氏改名」なるものを全朝鮮人民に強要する法令を作り、改名に応じない人々には、日常品購入の手続きを拒否したり、望む職業につかせない、銀行や組合での融資を行わない、学校での進学を許さない等々の生存権圧迫と威脅で臨むのである。日本支配者は、このような民族性抹殺政策による皇民化運動を「内鮮一体」政策と称した。

●「内鮮一体」の目的

内鮮一体を政策的な意味で初めて口にしたのは朝鮮総督南次郎(陸軍大将)である。彼は内鮮一

韓国「農村女子訓練所」で木刀を持たされた女性たち。(『韓国百年』)

体の目的を次のように規定する。

「内鮮一体の窮極の目的は半島同胞をして忠良なる皇国臣民たらしむるにありまして、内鮮人間に於ける一切の区別を撤廃するのを以て本旨とし、且つ終局の目的とする」

　この「目的」なるものに示された南次郎の本音の意味をこの時期の政治・軍事状況に照らしてよく考えてもらいたい。

　つまり南の本音は、朝鮮人の思想水準を日本人並みに「引き上げ」て皇国臣民化することを前提に、①は、兵力の不足については朝鮮に志願兵制・徴兵制を布いて朝鮮人に義務づけてこれを補充し、②は、本土の労働力不足を朝鮮人の大量強制動員、つまり奴隷狩りによって解決しようというものである。南の「内鮮人間に於ける一切の区別を撤廃する」というのは、当面の要求課題たる、この二つの問題を解消するための内鮮区別撤廃である。

　要するに当時の朝鮮が荷わされた役割は、思想的には

朝鮮の少年たちが弾よけとしてかり出された。(『写真記録日本の侵略：中国朝鮮』)

内鮮一体等の皇民化運動と、法的には国家総動員法に依拠した各種の条令、勅令等によって、無慈悲に、それこそ中世紀以前さながらの奴隷狩り的強権により大量に動員されて、日本のアジア諸地域侵略に奉仕させられることにあった。

●弾よけに使う

間もなく日本支配層は、朝鮮人青年を軍隊に狩り込むことを法案化する。一九三八年二月に「陸軍特別志願兵令」を布いたが、これは侵略戦争拡大に伴う兵力不足だけでなく、具体的に戦死者、戦傷者の増大に直面したのでわが朝鮮の青少年を己れの弾除けに供して補完しようというものである。そして一九四三年には「海軍特別志願兵令」、更には「学徒志願兵」まで強要して、多くの朝鮮人を狩りたてた。

それだけではない。「帝国臣民の光栄ある義務」と称して二年前から計画準備してきた「徴兵制」を一九四四年から実施に移すのである。日本の為政者は、この訓練のために、一九四二年に「朝鮮青年特別錬成令」を公布し、朝鮮内地の至る所に錬成所を設け、一六から二〇歳までの青年を義務的に入所させ、「軍務に服すに必要な資質の錬成」のための思想教育（学科）、軍事教練、勤労作業などをさせたが、実に当時の朝鮮は国土を挙げて一大兵営化した観があった。

2　「皇民化政策の成果」

●二〇万人を越える

植民地朝鮮を支配した日本為政者は、ことある毎に天皇の仁慈と恩恵を奴隷人民たる朝鮮人に説いたものだが、日本兵士の弾除けに使う朝鮮人青年の軍隊応募についても、天皇の親が子に対するような仁慈と恩恵とに応える為に多くの者が自発的に応募して「愛国的熱誠」を示したと、新聞で宣伝する。これを皆、「皇民化運動」の成果という訳だが、しかし、朴正熙をはじめとして、少なからぬ青年たちが陸軍士官学校へ入り（卒業生は約五〇名）、日本軍の少壮幹部将校として、大日本帝国政府の軍事侵略の先兵をつとめたことも事実であり、彼等の大部分が、解放後の南の政権下で軍事的指導部に入り、その直接・間接的影響下にあった者たちと共に、軍事政権を不法に樹立して、未だに、その親日・売族的な思想的・政治的伝統を引継ぐ者もいるというのも現実である。

ところで日本軍の弾除けにされた朝鮮青年はどれ位いたであろうか。「特別志願、学徒志願出身の尉官級将校も約二〇〇名に達していた。また昭和一三年度からの志願兵制度と、同一八年度からの学徒志願兵制度による終戦当時の在隊者を加えた軍人軍属の総数は……陸軍一八六、九八〇人、海軍二二、二九九人、陸海軍属一五四、九〇七人にのぼっていた」（坪井豊吉『在日朝鮮人運動の概況』）。つまり、日本敗戦時、少なめに見ても日本軍の弾除けとなっていた朝鮮青年は陸海軍合わせて、二〇万人を超えていたのである。

このほか、各種の官庁資料（各官庁の数字が不一致で、正確な数字は呈示できない）を綜合すると、朝鮮本土内での徴用、勤労報国隊などによる動員数は約四八〇万人、軍属等の軍要員は約二〇万から三〇万人、そして、問題の「従軍慰安婦」としては一〇万人から二〇万人の間と見られている。これに日本に強制連行された一五〇万人を加えると総計約六八〇万人という数になる。

●一五〇万人を連行

当時の朝鮮人民が如何に奴隷的状態にあったかという端的な例が日本に連行された同胞の問題だが、私はかつて、日本側の各種官庁資料等の統計を綜合して約一五〇万人と、明らかにしたことがある（『月刊・朝鮮資料』「日本帝国主義の朝鮮同胞強制連行と虐待の実態について」一九七四年八月号）。この数字は今では研究者の間ではほぼ定着したものとなっているが、この私の説を補完するに足る、日本人とアメリカ人の調査を二点紹介したい。公安調査庁の法務事務官だった坪井豊吉は、前述した『在日朝鮮人運動の概況』（この書は法務省の「法務研究報告書」として刊行された）の中で次のように記している。

「日本の大陸発展に伴う国内産業の異常な新興は、急激な労働の不足を訴えるにいたったので、同十四（一九三九）年四月の国民《ママ》総動員計画に基づいて、朝鮮労務者の移入方針が決定され（中略）七十二万四千七百八十七人（期間満了帰国者を含む・原註）が動員された。また別に密航の労務者なども、ほぼ同数に達していた」

　このように、公安調査庁の専門調査官が日本への強制連行を七二万四千人プラス同数の密航労務者、つまりは一四五万人と公表しているのである。

　もう一つのアメリカ人の方はどうか。

　日本敗戦後、在朝鮮米軍政庁外事課に勤務したエドワード・W・ワグナーは後にハーバード大学で朝鮮学を担当する人物だが、彼はアメリカ軍政庁外事課の特権をフルに活用してソウル―東京間を飛び廻り、この関係の公的資料を漁り、その箸『日本における朝鮮少数民族』（訳は外務省アジア局北東アジア課、一九六一年）の中で次のように書く。

「多くの朝鮮人が日本産業で働くために契約にもとずいて連れてこられた。約一二五万名の朝鮮人が産業に追加投入された」

　坪井は在日朝鮮人を敵視し、その動態把握と取締りに当る法務省の係官であり、ワグナーは日本敗戦直後の、日本と朝鮮に対する占領行政の中枢部で働いていた人物で、アメリカにおける朝鮮問題の権威である。つまり、連行朝鮮人問題を誰よりも知り得る立場に居た二人が、各種の公的な機密文書の調査を元に、一二五万人から一四五万人という数字を計算し、公表しているのである。このことの持つ意味はまことに大きいと言わざるを得ない。

ところで、一五〇万人の被連行者中、死亡者はどれほどであろうか。一九四三年に労働科学研究所が刊行した「半島労務者の作業能力に関する科学的見解」によれば朝鮮人労務者は「五・六二%」という高い災害率を出している。この数字を単純に割ってみても八万四千人からの死傷者が得られるが、この期間、使い捨て同然に最も危険度の高い作業現場、特に炭鉱等にまわされていた被連行朝鮮人が多いので、戦争の最後期には死傷者数はもっと増えるものと思われる。

3　誘拐、ぽん引きまがい

●調査する気なし

最近の朝鮮人従軍慰安婦問題の展開過程で、日本政府当局者が見せた対応の見苦しさは、多くの日本人の指摘するところである。一九九〇年五月三〇日の参議院予算委員会で社会党の竹村泰子議員が従軍慰安婦問題に触れ、政府の調査を要望したのに続き、六月六日の同委員会でやはり社会党の本岡昭次議員が、慰安婦問題の事実について質問した。その時の政府委員（清水傳雄・労働省局長）の答弁がふるっていた。

「従軍慰安婦なるものにつきまして、古い人の話等も総合して聞きますと、やはり民間の業者がそうした方々を軍とともに連れて歩いているとか……事態について、私どもとして調査して結果を出すことは、率直に申しましてできかねる」

清水政府委員は、「慰安婦なるもの」と表現したが、これは、あったかなかったかは知らないということであり、知らないが、古い人の話だと民間業者、つまり、女郎屋が娼婦を連れて、お客さんである軍について行きながら商売したらしい、しかし、実態について、日本政府は調査してみる気は全くない、ということである。さすがに日本政府高官らしい見事な答弁である。知らなかったから調査する、と言うのなら、同じ逃げをうった誠意のない答弁でもまあ筋は通る。知らなかったけど調査する気はない、と言うのだから論理も筋もなく、あるのは只厚かましさと卑劣さだけである。実にこの政府委員の国会答弁こそ、自らが犯した侵略と、その罪行に対する反省というものを全く欠いた日本政府そのものの厚かましさと、卑劣さを全世界に向けてさらけだしたという点で象徴的であった。

その後も国会では清水澄子議員や幾人かの野党側の質問に対し、日本政府はアイマイな答弁をくり返していたが、一九九二年一月、吉見義明中央大教授が防衛庁の図書館で見つけた旧軍の関係資料を公表されるに及んで、事態が変化してきたのは周知の通りである。

●六〇数点もの証拠

しかし、朝鮮人慰安婦問題と軍との関係は、加藤官房長官の軍の関与を認める謝罪談話（一月一三日）や宮沢首相の「旧日本軍が何らかの形で関与したことは否定できない」（日韓首脳会談）という発言に見られるように、軍は単に「何らかの形で関与した」のではない。軍そのものが、全面的、直接的にこの問題に取組み、そして強力に推し進めてきたのである。

その何よりの証拠が第一章で示した「一枚の陸軍省文書」とこれに続く軍関係証拠資料で、すでに六〇数点も明らかになっている。

これに、既刊の旧軍人の回想記や陣中日記（中隊、大隊、連隊、旅団本部等）、それにバクロ物、研究書、その他の資料などを加えると、この問題の全体像を浮び上がらせることもそう難しくないように思う。

陸軍中央で慰安婦募集の件が提出されたのは一九三八年三月四日で、「結了」は三月一一日である。ところが、この募集案の提出と同時に陸軍省は、中国本土侵略軍に以下のような「副官通牒」を送っている（「陸支密第七四五号」三月四日付、資料編（その1）「資料①」）。

「副官より北支方面軍及中支派遣軍参謀長宛通牒案

支那事変地に於ける慰安所設置の為、内地に於て之が従業婦等を募集するに当り、故らに軍部諒解等の名儀を利用し、為に軍の威信を傷つけ且つ一般民の誤解を招く虞《おそれ》あるもの、或は従軍記者、慰問者等を介して不統制に募集し、社会問題を惹起する虞あるもの、或は募集に任ずる者の人選適切を欠き、為に募集の方法、誘拐に類し、警察当局に検挙取調を受くるものある等、注意を要するもの少なからざるに就ては、将来是等の募集等に当りては、派遣軍に於て統制し、之に任ずる人物の選定を周到適切にし、其実施に当りては関係地方の憲兵及警察当局との連繋を密にし、次で軍の威信保持上、竝《ならび》に社会問題上遺漏なき様配慮相成度、依命通牒す」（『極秘資料集』、カタカナ表記を平仮名に直す）。

陸軍省ではこの日、慰安婦募集を起案したのだが、南京侵略時の強姦事件の大量発生で中国人民の大反発に驚いた現地軍首脳は、陸軍中央の決裁を待たず従軍慰安婦募集に手を付けていたことを証拠づける文書である。その集め方も「誘拐に類し」たので警察に検挙されている。だから、陸軍省が正式に募集に着手した以上は、軍がこれを統制し、憲兵や警察と力をあせてやるようにしろと言う。しかもこれはこの通りになったのである。

軍中央が、この問題が社会問題になることを知っていたということは、はっきりした。それにしてもポンビキまがいの従軍記者という愛国者もいたとは驚きだ。

第五章　「軍紀振作」の実態

1　第二軍司令官の訓示

●慰安婦制の発案者

日本軍の中に従軍慰安婦制を最初に導入したのは、後の陸軍大将岡村寧次である。本人が自慢たらたらそう吹聴している。

「かく申す私は、恥ずかしながら慰安婦案の創設者である。昭和七年の上海事変のとき、二、三の強姦が発生したので、派遣軍参謀副長であった私は、同地海軍に倣《なら》い、長崎県知事に要請して慰安婦団を招き、その後まったく強姦罪がやんだので喜んだものである。現在の各兵団はほとんどみな慰安婦団を同行しながら、強姦は後を絶たない有様である」（稲葉正夫編『岡村寧次大将資料』原書房、一九七〇年）。

つまり岡村は一九三二年の上海事変の時、あの尹奉吉義士の爆弾によって死亡した上海派遣軍司令官陸軍大将白川義則の下で参謀副長をやっている時に強姦事件が起きたので、海軍にならい慰安婦派遣を長崎県知事に要請したというのである。

それにしても、岡村は尹義士に爆殺された白川大将の参謀副長をやっていたのだから因縁めくが、しかし、この時は日本女性が主力であり、ともあれプロが送られたと思う。この岡村寧次は、太平洋戦争開戦時は、「支那派遣」大将畑俊六（後に元帥）の下で「北支那方面軍」の司令官（大将）をつとめ、敗戦時には、中国侵略軍たる「支那派遣軍」の総司令官である。

慰安婦案の発案者を自認する岡村大将指揮下の在中国日本軍の敗戦時における兵力は百万である。厖大な数の慰安婦（それも朝鮮人女性を主体とする）を帯同していたであろうことだけは想像に難くない。

●軍の強姦対策

日本軍は南京攻略時の大虐殺と大量強姦事件を、その後の徐州作戦の時にも起こしている。

「徐州、徐州と人馬は進む…」と、いささかお目出たいか、無責任な人達が酔うと牧歌的な気分で歌う、あの徐州であり作戦（侵略）である。一九三八年（昭和一三年）七月一〇日、第二軍司令官の東久邇稔彦（王）は訓示を管下各部隊に下している。

「徐州会戦に臨むや各隊克く有形無形の戦力を発揚し衆敵堅陣を撃砕して偉大なる戦果を収めたり、是れ固より御稜威（みいず、天皇の力ということ）の然らしむるところ」というのは、何も彼が天

1938年4月、大本営の命令した徐州作戦の過程で日本軍によって虐殺される中国人。この写真には「5月10日」の受領印がある。（『一億人の昭和史』第2巻）

皇裕仁の親戚の皇族だというばかりでなく、当時は誰も成果はすべて天皇のお蔭といっていたのでまあ止むを得ないとしよう。

問題は彼がこの訓示の中で「愈々志気を昂揚し、益々軍紀を振作し、征戦長期に亘るも有ゆる難局を打開」と言って、軍紀振作を強調していることである。（『歩兵第四十一聯隊陣中日誌』資料編（その1）「資料②」）。

そして、この陣中日誌は、この訓示の次に、北支那方面軍参謀長岡部直三郎の「軍人、軍隊の対住民行為に関する注意の件」という通牒を記載している。つまり、稔彦王の言う軍紀振作が何故に必要なのかを示すものとなっているし、対策も述べている。

彼はまず軍占領地域内での治安が共産遊撃隊の活動で多難になっていると述べ、「治安回復の進捗遅々たる主なる原因は後方安定に任ずる兵力の不足に在ること勿論なるも、一面軍人及軍隊の住民に対する不法行為が住民の怨嗟を買ひ、反抗意識を煽り、共産抗日系分子の民衆煽動の口実となり、治安工作に重大なる悪影響を及ぼすこと尠《すくな》しとせず。而して諸情報によるに、斯の如き強烈なる反日意識を激成せしめたる原因は、各地に於ける日本軍人の強姦事件が全般に伝翻し、実に予想外の深刻なる反日感情を醸成せるに在りと謂う」と言い切る。

東京裁判で松井石根を弁護して、虐殺や強姦は、見たこともない、聞いたこともないと主張した松井旧部下の人々は、この岡部参謀長の通牒も知らなかったことだろう。

岡部の通牒は続く。「由来、山東、河南、河北南部等に在る紅槍会、大刀会及之に類する自衛団体は古来軍隊の掠奪、強姦行為に対する反抗熾烈なるが、特に強姦に対しては各地の住民一斉に立ち、死を以て報復せるを常としあり。…従って各地に頻発する強姦は単なる刑法上の罪悪に留らず、治安を害し、軍全般の作戦行動を阻害し、累を国家に及ぼす重大な反逆行為」であるので、これを不問に附す指揮官は「不忠の臣」だと言う。(『極秘資料集』資料編(その1)「資料③」)

そしてこれに関する対策面を二点挙げる。

「右の如く、軍人個人の行為を厳重取締ると共に、一面成るべく速に性的慰安の設備を整へ設備の無きため不本意乍ら禁を侵す者無からしむるを緊要とす」

つまり、対策としては、①は強姦行為を厳重に取締れ、②は早く慰安所を作れ、というのである。

2 〈軍紀振作〉の対策

●「支那事変」の経験

軍中央が強姦事件の大量発生に頭を悩まし、軍紀振作の対策を講じたのは、中日戦争の初期ばかりではない。即ち一九四〇年九月一九日付で、陸軍省は副官川原直一の名で全軍に「陸密第一九五五号」として、「支那事変の経験より観たる軍紀振作対策」という通牒を伝達している。この項では、その要点だけを紹介するにとどめたい。

「軍紀は軍隊の命脈なり、而してその弛張は実に軍の運命を左右するもの、…然るに支那事変勃発以来の実績に徴するに、軍紀犯並に武士道的精神及躾《しつけ》の欠如に因由する諸犯多発し、軍紀を侵害せるのみならず、軍の威信を失遂し、延いては聖戦に対する内外の嫌悪反感を招来し、治安工作を害し、国際関係に悪影響を及ぼし」ているので、軍紀の振作については格別の配慮を要す、というのがその「緒言」の要旨である。

そして、侵略地中国において「著意すべき事項」として「事変勃発以来の実情に徴するに、赫々たる武勲の反面に掠奪、強姦、放火、俘虜惨殺等、皇軍たるの本質に反する幾多の犯行を生じ、為に聖戦に対する内外の嫌悪反感を招来し、聖戦目的の達成を困難ならしめあるは遺憾とする所なり」と重ねて述べ、日本軍の強姦、放火、俘虜虐殺の存在を認めた上で、幾つかの対策を示す。

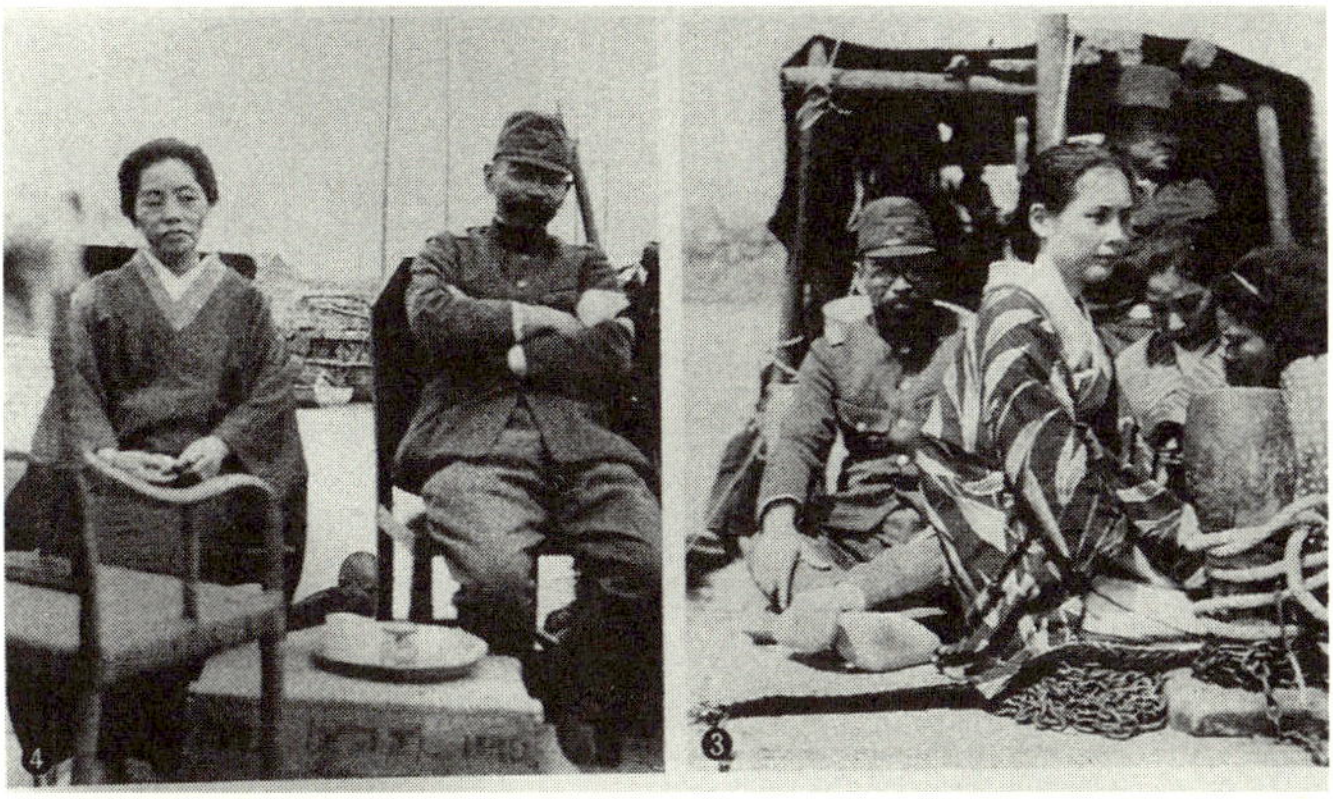

前線の兵隊たちに女性たちを配っていくのも兵站部の役目だった。(『別冊歴史読本未公開写真に見る日中戦争』)

その重要な一環が慰安所の設置である。

「事変地に於ては特に環境を整理し、慰安施設に関し周到なる考慮を払ひ、殺伐なる感情及劣情を緩和抑制することに留意するを要す。環境が軍人の心理、延いては軍紀の振作に影響あるは贅言を要せざる所なり。故に兵営(宿舎)に於ける起居の設備を適切にし、慰安の諸施設に留意するを必要とす。特に性的慰安所より受くる兵の精神的影響は最も率直深刻にして、之が指導監督の適否は、志気の振興、軍紀の維持、犯罪及性病の予防等に影響する所大なるを思はざるべからず」(『極秘資料集』資料編(その1)「資料④」)

戦地にある軍人はいくら教育しても強姦をやめぬ。そこで、見られる如く、陸軍中央部は、軍紀振作と性病予防の最効果的対策として、慰安所の設置を強調するのである。

●芸者と逃げた将校

傑作なのは、この項の「結言」部分である。「軍紀振作の要は、軍紀の源泉たる将校、先づ自ら武徳を涵養し、統率、指揮を厳正にすると共に、教育指導を適切にし、部下の服従観念を透徹せしめ、且、信賞必罰を励行し、身を以って之が振作を図るに在り。特に軍紀の根本に抵触し、自由主義思想に胚胎せる下剋上的、対上的、対上官の軍紀犯、並に皇軍の本質に背馳する、掠奪、強姦等の悪質犯多発せるは、国軍の為、誠に痛感に堪へざる所にして、宜しく其の因て来る所を究め、抜本塞源的、芟除策を講じ、軍紀を確立し以って益々皇軍の真価を発要するを要す」というのがそれだ。

この「結言」部分について、私が傑作だと思う訳を三点に分けて述べてみたい。第一は、軍紀の源泉たる将校自らが、武徳を養って、指揮を厳正にして身を以って軍紀の振作を図れ、と要求していることについてである。参謀本部の参謀や陸軍省の課長などを歴任し、一九四〇年九月から二ヶ年間、陸軍省兵務局長をつとめた、少将田中隆吉は、

「ある軍司令官は、夏季アイスクリームの製造器を携行して討伐に赴いた。ある師団長は、司令部内に娼婦を匿って各地を転戦した」（『敗因を衝く』山水社、一九四六年）

と書いている。田中は東京裁判の時、連合国側の証人となって、軍部にとって都合の悪いことを大分しゃべったので白眼視された男だが、私に言わせれば彼は未だ元同僚をかばっている。彼は軍司令官の名も師団長の名も明かしていない。田中は名を明かさなかったが、師団長や軍司令官を統轄

する立場にあるビルマ方面軍司令官の中将木村兵太郎のことなら知る人ぞ知る、である。木村軍司令官は軍中に芸者屋「一楽」の一行を帯同していて、連合軍接近と聞いて指揮下各兵団には一言もなく、自分たちだけ司令部員、芸者たちと慌ててタイまで逃げた。また、一九八九年に出た『別冊・歴史読本』「未公開写真に見る日中戦争」には、司令官と「博多屋」という料理屋の女将が「かなりな仲であった」として、写真にも撮られている。「勇将の下弱卒なし」だ。これで軍紀の乱れをどう防ごうというのか。

第二は、下剋上的、対上官の軍紀犯が自由主義思想に胚胎しているというが、陸軍省の中央には日本史すら解っているのがいないのか。下剋上は、日本中世の産物である。

第三に、「因って来る所を究め、抜本塞源的、艾除策を講」ずべきをいうが、これは簡単である。他国、他民族に対する侵略行為を止めれば問題は起らない筈である。

3　犯罪者が「勇敢な兵」

●氷山の一角

陸軍省副官川原直一の通牒には、軍紀振作問題の一環として「掠奪、強姦、賭博等に就て」という一項があり、ここにあまり公にされてはいないだろう数字が示されている。「支那事変勃発より昭和十四年末に至る間に、軍法会議に於て処刑せられし者は、掠奪、同強姦致死傷四二〇、強姦、同致死傷三一二、賭博四九四に達しあり、其の他支那人に対する暴行、放火、惨殺等の所為亦、散見する所なり」。一見して察しがつくように、この数字は氷山の一角にもならない。それも軍法会議に廻されたものの二年間の数字である。

日本軍の指揮官は自分の隊から、この種の犯罪者を出すことに消極的である。第一、自分の隊から犯罪者をだすことは、論功行賞ともからむ「功績」に傷がつくことであり、次に、最も多く強姦、掠奪を行った者は、隊では強兵であり、勇敢な兵ということで隊中の尊敬を受けている、という事情がある。第三に、この戦さに強い兵を縄付きにすれば、自分の隊の兵力の大きな損亡ということになる。だから指揮官が自分の隊から犯罪者を告発する訳がない。この数字が出たということは、占領地治安に任ずる憲兵に運悪く見つかった数のみである。ここに示された犯罪件数は氷山の一角にもならないということである。

●軍医の意見

ところで、軍紀と性病予防の見地から見て、次に紹介する早尾乕雄軍医中尉の意見は重要なことを指摘していて、陸軍中央部の注意を強く引き、川原副官の「通牒」にも反映されたのではないか、と思う。早尾軍医は、「昭和十二年十一月より十四年十一月」までの二年間を「戦場ニ於ケル特殊現象ト其対策」(『極秘資料集』資料編(その1)「資料⑤」)という二十二項目にわたる長文の論文にまとめている。「徴発と掠奪」「上官脅迫と抗命」という項目もあるが、ここでは日本陸軍中央部の軍紀振作対策と直接関連する、「十七、性欲と強姦」の項からのみ、その主要部分を引用したい。

「出征者に対して性欲を長く抑制せしめることは、自然に支那婦人に対して暴行することとなろうと兵站は気をきかせ、中支にも早速に慰安所を開設した。其の主要なる目的は、性の満足により将兵の気分を和げ、皇軍の威厳を傷つける強姦を防ぐのにあった。慰安所の急設は確かに其目的の一部は達せられた。然しあの多数の将兵に対して慰安所の女の数は問題にならぬ。又、上海や南京などには慰安所以外に其の道は開けてるから、慰安所の不足した地方へ、或は前線へと送り出されるのであったが、それでも地方的には強姦の数は相当にあり、亦、前線にも是を多く見る。是は尚、女の供給の不足していることに因るのは勿論のことだが、やはり〈留学生が西洋女に興味を持つ〉と同様で、支那女という所に好奇心が湧くと共に、内地では到底許されぬことが、敵の女だから自由になるという考が非常に働いて居るために、支那娘を見たら憑かれた様にひきつけられて行く、従って検挙された者こそ不幸なんで、蔭にはどれほどあるか解らぬと思う。憲兵の活躍のなかった頃で、而も支那兵により荒されず、殆んど抵抗もなく日本兵の通過にまかせた市町村あたりは、支那人も逃げずに多く居ったから相当に被害があったという。加之《しかも》部隊長は、兵の元気をつくるに却って必要とし、見て知らぬ振りに過したのさへあった位である。（中略）勝利者なるが故に金銀財宝の掠奪は言うに及ばず、敵国婦女子の身体迄汚すとは誠に文明人のなすべき行為とは考えられない。東洋の、礼節の国を誇る国民として慙愧にたへぬ事である。

昔、和倭（倭寇のこと）は上海に上陸し南京に至る迄、此の様な暴挙に出た為めに、非常に野蛮人として卑しめられ、嫌はれたというが、今に於ても尚、同じ事が繰り返さるるとは何とした恥辱であろう（下略）」

この論文は「陸軍」と印された罫紙《けい》に書かれている。侵略戦の最中にこれほどのことが述べられているのだ。早尾軍医はこの後に強姦事件の具体例を示して、その早急な対策を求める。

4　侵略者の獣的本性

●強姦事件の実例

「次に強姦事件の実例を列挙する。

（一）或る兵は兵站病院を退院、原隊へ復帰の途次、飲酒酩酊の上、所属隊宿舎の付近の支那家屋へ侵入し、同家二階に居合わせた支那婦女（当二十一歳）を強姦した。（二）二人の兵（A・B）は他の一人（C）を誘ひて外出した。Aは支那婦人（当二十一歳年）を見ると劣情を起し、強姦を志し、Cをして同女を付近の空家へ連れ行かしめ、Cをして所携の小銃を一発発射せしめ、更に着剱の上、剱先を同女に突付けて脅迫せしめ、同女が恐怖するを見ると、付近の民家内へ引き入れ強姦した。BはAの目的を達したのを知るとAの立ち出た後へ入り込んで同女を強姦した」。

●六歳の少女を強姦未遂

「(三) 或る兵は、或る支那民家へ立ち寄ると、同家の娘(当十六年)が兵を見て怖れ、逃げ去ろうとすると、是を捕へて強姦したばかりでなく、翌日も到って強姦した。(四) 或る兵は、飲酒酩酊の上、無断外出し、支那婦人某(当四十九年)方へ侵入し、所携の軍刀を引き抜いて脅迫した上、強姦した。(五) 或る兵は加給の酒に酔い、戦友と共に外出し、支那婦人某(当四十二年)を認め、是を姦淫せんと思ひ、同家内に侵入して、同女に性交を要求した。同女は、日本兵を怖れて抵抗の出来ないのに乗じて姦淫した。(六) 或る兵は、支那酒に酔ひつつ、支那店に立ち寄り焼き鳥を食する時、其の傍に居た支那少女(当六年)を見ると、同女が十三才未満の少女であることを認識しながら姦淫せんと思ひ、同女を抱きながら室内に入り、同女の父に銃剱をつきつけ退去を命じ置き、同女を姦淫せんとしも、少女の為め目的を達し兼ね、指頭を以って押し開かんとして負傷せしめたり。(七) 或る兵は、武装、街頭に出で、支那民家の表戸を蹴外し、家内へ侵入し、隠れて居た支那女(当十六年)を発見し、同女に銃口を差向け、脅迫の上姦淫した。次に同女を宿舎に連れ行き、「帰宅すれば殺すぞ」と脅迫して不法監禁をした。其の間、無抵抗なのに乗じて姦淫した。其の翌々日、同女の宅へ侵入し、怖れ隠れ居るを発見し、強姦した。(八) 或る兵は、戦友二人と共に、支那酒や「ビール」を飲んだ上、支那婦人を探し求めた上輪姦した。(九) (略)。(十) 或る兵は、街上の支那家屋へ入ると、母親と娘とが居た。娘へ要求をすると承知した母親は是を見て出て行ったので其の娘を姦淫せんとしたが、発育して居らなくて出来なかった(娘は十才位)。其のまま帰った。娘へ隊へ来れば残飯をやるからと隊名を書き置いたことから憲兵に捕へられた」

●将校が率先して

「以上の述べた様な例は、尚沢山に挙げる事が出来る（中略）。日本の軍人は何故に此の様に性欲の上に理性が保てないかと、私は大陸上陸と共に直ちに痛嘆し、戦場生活一ヶ年を通じて終始痛感した。然し軍当局は敢て是を不思議とせず、更に此の方面に対する訓戒は耳にした事がない。而も軍経営の慰安所を旺《さか》んに設けて、軍人の為めに賎業婦を提供した。そして娼婦から性病を軍人間に蔓延せしめた。そして遂に其れのみを収容する兵站病院を作る必要を生じた。尚、性病のある間は帰還を停止した。兵にのみ、かく厳にしながら、将校間に却って性病が多かった。若い将校どころか上、長官の間にも患者はあり、軍医に秘密治療を受けて居る。性病を支那人から得ぬ様に慰安所を設け、内地、内鮮《ママ》人を娼妓として使用しながら、皮肉にも彼女等が性病を広げた。軍当局は、軍人の性慾は抑へる事は不可能だとして、支那婦人を強姦せぬ様にと慰安所を設けた。然し、強姦は甚だ旺んに行はれて、支那良民は日本軍人を見れば必ず是を恐れた。

将校は率先して慰安所へ行き、兵にも是をすすめ、慰安所は公用と定められた。心ある兵は慰安所の内容を知って、軍当局を冷笑して居った位である。然るに慰安所へ行けぬ位の兵は気違いだと罵った将校もあった」

長い引用となったが、読者諸賢には早尾軍医の所見の重要性は感得されたと思う。それにしても六歳の幼女に傷を追わせた事件も凄まじい。これと直接関連はないが、戦中、野戦郵便長として中国にいた佐々木元勝はその著『続・野戦郵便旗』（現代史資料センター出版会、一九七三年）の中で「姑娘《クーニャン》は十歳ころから性の対象である」と書いていた。主意は中国娘の魅力についてであろうか、佐々木の前著の序文で洞富雄氏はこの著者について「当時の日本人の水準を越えた理性の持主」と評されていたが、東大出エリートで高等官である佐々木にしてからが、中国娘について、「この見あるか」の感が深い。

私事で申訳ないが、一九五二年の暮ごろ、つまり朝鮮戦争の最中だが、品川駅芝浦口の同胞居住地で、三歳になる同胞幼女が米兵により局所に傷を負わされた事件があった。この天人共に怒るべき事件に、私はこの地区の宣伝部担当でもあったので、他の人々と共にこの事件で、米国の侵略性について、獣性暴露について大いに動いたことがあったが、今回はからずも、早尾軍医の六歳の幼女に対する負傷事件記事を読み、洋の東西を問わず、不正義の侵略戦争従事者の獣的行為の同一性に深い憤りを覚えずにはいられなかった。ともあれ、軍中央は、侵略地における将校、兵の暴行と性病罹病に直面し、腰をすえて慰安所の設置と拡充を図ることになる。

5　なぜ朝鮮女性を対象に

●制度化より先に

陸軍中央部は、制度としての従軍慰安所を構想し、国家政策として強力に推し進めるに、何故、朝鮮人女性を想定したのであろうか。

前述の「慰安婦問題の背景」で上海における慰安婦検診についての麻生軍医の報告意見を紹介しておいたが、その数は朝鮮女性八〇人、日本女性二〇余人というのであった。つまり、一九三八年一月二日の時点で、八〇人という朝鮮人女性が慰安婦の名で歴史に初めて登場してくるのである。

陸軍中央部が、慰安婦募集を制度化し、国家としてこの案の結了をみるのは、同年三月一一日だから、国家政策としての慰安所制度は麻生軍医の上海検診の時には未だ確立していなかった。制度的に未確立なのに朝鮮人慰安婦が八〇人もいた。これはどう理解すべきか。南京攻略時の大量の強姦事件の発生に驚いた現地侵略軍は、軍中央に慰安所制度の早急な確立を強く具申すると同時に、プロの女衒《ぜげん》（女買い専門屋）や、軍出入の有力者、または売春業者などに頼んで女性たちを集めさせたものと思う。

前述した、「軍中央の慰安所設置の推進」の項での一九三七年三月四日付陸軍省副官の「北支方面軍及中支派遣軍参謀長宛て通牒」を想起されたい。民間の人物に慰安婦集めをやらせたので、

「募集の方法、誘拐に類し、警察当局に検挙取調を受くるものある」という、あの陸軍省副官通牒を想起されたい。

麻生軍医の上海検診のことは『軍医官の戦場報告意見集』（不二出版、一九九〇年）の麻生意見書に収められているが、彼はこの報告意見書を陸軍中央部に具申している。この麻生軍医の報告内容の陸軍指導部に与えた影響は実に巨大であった。内容は慰安所体制全般にわたっているが、ここでは、その中心部分のみを見る。

「昨年一月、小官上海郊外勤務中、一日命令により、新に奥地へ進出する娼婦の検黴《ばい》（悪質な性病検査）を行ひたり。この時の被検者は、半島婦人八十名、内地婦人二十名余にして、半島人の内、花柳病（性病）の疑ひある者は極めて少数なり（中略）しも、内地人の大部分は現に急性症状こそなきも、甚だ如何はしき者のみ」

ここで朝鮮人女性が一〇分の八または一〇分の七・五もいたというのは偶然に過ぎなかったとしても、この割合は実に運命的な数字として後に浮上してくることになる。一九三八年の一月二日に上海で検診したというのは前年一二月末までに上海に集められたということである。つまり、南京での大虐殺と暴行事件の前、というのは上海附近に戦線が膠着しているほんの二、三ヵ月間の時期に現地軍は慰安所設置に着手していたのである。

麻生報告は続けて「一般に娼婦の質は、若年齢程良好なるものなり」と書き、「アバズレ女の類は敢へて一考を与えたし。此れ皇軍将兵の贈り物として、実に如何はしき物なればなり。（中略）

内地を喰いつめたが如き女を戦地へ鞍換へさす如きは、言語道断の沙汰と言う可し」と言い切って、若い女性を「皇軍」への贈り物として送り出すことを提言している。麻生軍医の念頭にある若い女性が朝鮮人であるのは検診医たる彼の所見からして明白であろう。

●社会問題化恐れる

しかし、麻生軍医がこの報告意見を軍上層部に具申するのは、「昭和十四年六月」である。陸軍省中央の梅津や今村が慰安婦募集の件を決裁するのは具申書の出る一年以上も前のことである。してみると梅津、今村などが国策として慰安婦問題を決めた時、彼等の頭には朝鮮人女性はなかったのであろうか。否、否である。

慰安婦募集案の決裁と時を同じうして発せられた陸軍省副官の現地軍参謀長宛ての樋牒には、「不統制に募集し、社会問題を惹起」することの虞れが指摘されている。プロを早急に募集してさえ社会問題になる。ましていわんや日本人処女の募集なぞは正に言語道断である。生娘を大量に募集（連行）して「皇軍」に提供しても社会問題など起らない対象、即ち朝鮮人女性の大量連行が陸軍指導部で日程に上ってくる所以である。梅津、今村らは、麻生軍医の正式の具申書が出る前に、その内容を知っていたと思う。麻生軍医は「昭和十三年一月二日」に検診して、その内容を直ちに現地軍参謀に報告している筈である。現地軍首脳部はこれを陸軍省中央に反映させていることは間違いない。この当時、陸軍省課長（大佐クラス）や参謀本部の高級参謀は、常に現地軍首脳と相往来して連絡を密にしていたのである。つまり、梅津、今村らは、麻生具申書の出る前に、すでにその内容を知っていて、朝鮮人女性を動員対象とする、あの慰安婦募集を決裁したのである。

第六章　国家による犯罪のシステム

1　民族受難の象徴としての慰安婦問題

●戦後の姿勢は

朝鮮人従軍慰安婦問題は、朝鮮にとり、植民地期中の暗黒時代たる「奴隷」連行期の極北点ともいえる最大の民族受難問題として象徴的位置を占めている。

慰安婦問題は、日本の国家権力による女奴隷狩りであり、官許による民族的・集団的強姦事件として、その本質は、紛うことなき、国家犯罪であり、民族犯罪である。

日本は軍事力と暴力、威嚇、買収などによって、朝鮮を奪っただけでなく、軍隊、司法、警察を始めとする暴力装置と、治安維持法、国家総動員法などの各種法的規制を随意に駆使して、朝鮮のあらゆる物的資源、人的資源を自国の発展と他民族侵略のために動員してきたが、中国を始めとするアジア諸地域への侵略時期こそ、朝鮮に対する非人間的で苛烈な収奪の極点をなした時期である。

敗戦前、当の日本人に対してすら薄く、且つ多くの制限のあった明治憲法の権利条項は、植民地民族たる朝鮮人には適用されなかったのみならず、全くの無権利で日本人に収奪され、おまけに日常不断に、民族的蔑視にさらされ、あらゆる賎待を受け続けてきた。これは、当時を生きた人々が、すべて身を以て体験したことである。在日朝鮮人の問題で、例えば一九二三年の関東大震災時、六四〇〇人余の朝鮮人が無残に虐殺された事実[21]を、単に一時的に気が狂った一部の日本人のみの仕業と言い切れるのか。この明白な大虐殺事件に対し、八〇年以上も経つのに、日本の為政者は一言半句も謝罪の言を述べたことがないが、これは一体どうしたことなのか。

またこの大震災時の虐殺に対して、戦後六〇年以上も経つが、事実の調査を一度でもした事があるのか。ないのなら、何故調査が出来ないか、その理由を述べるべきではないか。これが、自由を尊重し民主主義を主張し、公平をモットーとする国のなすべきことか。少なくとも自国民が犯したことを調査するなり、謝るなり、それが為政者として当然あるべき姿ではないのか。ところが今日に至るまで只の一度たりともなされなかったのは何故なのか。

ことは明白だ、関東大震災時の朝鮮人大虐殺事件は、日本による国家犯罪であり、民族犯罪であるから、強いて口をぬぐっているだけのことであるということだ。この問題は戦後、朝鮮人側からも日本人側からも実証的な研究が進み、内務省と軍隊、警察、自警団と称する日本民衆の犯行であることが明らかになった。だが、日本政府は知らぬ顔の半兵衛だ。同じことが、朝鮮人強制連行問題や、朝鮮人従軍慰安婦問題についても言えることである。

関東大震災の際、自警団によって虐殺された朝鮮人。(『かくされた歴史—関東大震災と埼玉の朝鮮人虐殺事件』)

ようということである。

●免れない責任

よほどのっぴきならぬ証拠が出ても、黙っていようということである。

関東大震災時の虐殺問題一つとっても、私共は戦後数十年間、この問題を研究し究明し、少なからぬ証拠を提供し続けてきた一人として、今、この時点で敢えて日本政府に問う。この虐殺事件の経緯と事実関係について、多くの証拠と確かな事実がこれほど朋らかになった以上、しかも日本の国家権力の犯罪、民族犯罪と口を極めて糾弾されている事実を前にしては、何らかの意味でも一言答えるべきであろう。それが、為政者としての責任である。答は、否定でも肯定でも曖昧でもお好きなように、理解できた範囲でやるべきだ。ともあれ、これ以上ダンマリをきめこむことだけは許されないし、第一、狡いだけでなく卑怯ではないか。

慰安婦問題に話をもどす。朝鮮人慰安婦問題の本質を国家犯罪、民族犯罪と規定する所以は、軍の強い要請があったとはいえ、これを国家政策として制度化し、法体系の中で、国家の機関を挙げて推進したのが、政府、つまり国家そのものであったということである。またこれを全面的に利用した軍人そのものが、単に日本人であったというにとどまらず、憲法の規定によって国家の総攬者であった天皇の股肱《ここう》であり、天皇の意志の忠実な行代者であったということからも言えることである。「それ兵馬の大権は朕が総ぶる所なれ……朕は汝等軍人の大元帥なるぞ。されば朕は汝等を股肱と頼み、汝等は朕を頭首と仰」（所謂「軍人勅諭」）いで忠節を盡せ、とは天皇明治の教えである。これは憲法と軍人勅諭によって規定されて、何人といえども動かすことができないものである。ましてや無数の日本軍人が朝鮮人女性を犯したということだけではなく、起案から政策化、連行、設営、経営、管理に至るまで、すべてを軍がやったのである。日本軍隊は「恐れ多くも」朕の軍隊である。

朝鮮人慰安婦問題で、天皇は責任を免れることはできないのは、憲法の規定に依っても軍人勅諭によっても明白である。

2 「勅令」の総動員法

●責任の法的根拠

ある人は言うかも知れない。

朝鮮人女性を奴隷連行し、軍の将兵の獣的犠牲に供させたのは、天皇の御心を知らない一部の不心得な軍人がやったことで、仁慈海の如き天皇がやらせたのではない、第一天皇が命令を下した事実がないではないか、と。

この際、できるだけ余分なことは言わず、問題を法的なものに絞って要約的に見よう。

無差別な慰安婦連行を法的に可能にした国家総動員法は議会の審議を経て、通過を見ている。帝国議会は制限つきながら国民の意志の反映の場である。議会、特に衆議院で総動員法を審議した議員を選挙で選んだのは日本国民だからいわば日本国民は議員を通してであるが、総動員法の衆議院通過に対し、その責を免がれることはできないであろう。これも確かに問題だが、議会通過ということは、貴族院も通ったということである。総動員法の貴族院通過は、もとより議員個人の責任ではあるが、貴族院の性格からして、この面からも天皇に責任がある。

天皇に責任があるというのは、法的に立証され得るのか。

これは三点に絞って立証できると思う。①は憲法、②は貴族院の性格、③は軍隊である。

まず、当時の憲法の規定から天皇の役割というものを見てみたい。

「大日本帝国憲法　第一章・天皇」の第四条には「天皇は国の元首にして統治権を総攬し、此の憲法の条規に依り之を行う」とある。天皇は日本国統治の総攬者たることを憲法に定めたのである。第五条は「天皇は帝国議会の協賛を以って立法権を行う」とある。天皇は立法権を行使する、議会の協賛を得て、となる。第六条は「天皇は法律を裁可し、其の公布及執行を命ず」とある。天皇は法律を裁可するだけでなく、その法律の公布と執行も命令するのである。

第八条は「（略）帝国議会閉会の場合に於て、法律に代るべき勅令を発す」とある。勅令という法律に代わるものを、議会を開かなくとも天皇の命令ということで発することができるのである。第十条に天皇は（略）文武官を任免す（略）」天皇はいつでも、大臣や将官を任命したり、辞めさせたりできる。

第十一条は「天皇は陸海軍を統帥す」とある。天皇は、陸軍、海軍を問わずすべての軍人の統帥者なのだ。

以上は、憲法の規定からみた天皇の役割だが、天皇が、立法上、行政上、そして軍事権上において、いかに大きな権限、むしろ無制限ともいえる権限を持っていたかが感得できるであろう。

●連行の命令者

次に、私は先に、国家総動員法の議会通過と関連して、貴族院の性格からして、天皇に責任あり、とした。簡単にこのことに触れよう。

「貴族院令」の第一条に「貴族院は左の議員を以て組織す」とあって、一から六までの項目で、議員を規定している。これによれば皇族（天皇の親戚）、公、侯、伯、子・男爵という皇室（つまり天皇）の藩屏たる貴族、国家に勲労、または学識ある者で勅任された者、学士院の互選に因り勅任された者、それに多額納税者という大金持で勅任された者などが議員になるのである。勅任とは天皇が任命することだから、貴族院は、国民に責任を負うのではなく、天皇にのみ責任を負うのである。貴族院の性格はかくの如しである。

さて、この国家総動員法施行の最大の問題点は、この法案は帝国議会通過の後、一九三八年四月一日に公布され、植民地たる朝鮮や台湾に実施されたのは同五月四日で、しかも「勅令」で施行発布を見ている。勅令とは天皇の命令ということである。また「女子挺身勤労令」も一九四四年に勅令として出されている。

あの植民地期最悪の奴隷連行を「法」という名で実行させた命令者は天皇だったということだ。ここでも責任は天皇に在る、という指摘を歪曲と言うつもりなのか。それこそ、私の方こそ反問したい。第一、天皇の意志に反して、他国・他民族への侵略が開始され、虐殺、放火、強姦が行われたり、または、内閣構成員や、軍幹部の一部が天皇の意に反して朝鮮人を奴隷連行したり、女奴隷狩りをやったりしたが、天皇は、それらの政策の起案者や実行者や、公然たる集団強姦をやった将校や兵たちを一人でも、罰した事実でもあるというのか。

あったらその事実を示してもらいたい。

3 「天皇の軍隊」の犯罪

●〈女奴隷狩り〉

重ねて言う、天皇は全軍人の統率者である。

「朕はなんじら軍人の大元帥なるぞ」とは軍人勅諭の真髄ではないか。これは建前上からだけのことではない。侵略戦争期の全過程で作戦につまずきが出たり、軍部の言う期間内に成果が挙げられなかったことで、陸軍大臣や参謀総長（例えば杉山元）が天皇に叱責されたことはあったが、侵略戦争や他民族征服について天皇が、首相や陸相、または軍司令官をして辞めさせるということは絶えてなかったではないか。責任という面からみて、朝鮮に対する植民地支配やアジア諸民族に対する侵略行為で、政治的にも軍事的にも天皇こそが責任の筆頭者であることを誰が否定できると言うのか。東京国際法廷に天皇が被告席に姿を見せなかったのは、ただただ連合国筆頭たるアメリカの戦後戦略を念頭においての政治的思惑からの措置であったのを知らない人間がいるだろうか。

敗戦前の日本では、天皇は「現人神《あらひとがみ》」として、神であったし、憲法の規定でも「天皇は神聖にして侵すべからず」（第三条）ということで、神聖不可侵の存在であった。しかも、天皇は憲法上でも国家の総攬者である。要するに日本は朕の国家であった。敗戦前、日本人にとって天皇は、法的にも精神的にも絶対の存在で、この事実を忘れたという年輩の日本人は居られまい。

その意味で、アジア諸民族への侵略の問題や、慰安婦問題を含む朝鮮人強制連行問題は、全的に天皇と、天皇を頂点とする日本国家が責任を負うべき問題である。

また、朝鮮人慰安婦問題を女奴隷狩りと私が呼ぶ所以は、まさにアフリカでのアメリカに積み出すための奴隷狩りと全く同様のことが、日本人によって朝鮮人に加えられた事実によってである。何よりも、否応なしに性的奴隷たる慰安婦にさせられた女性たちの証言によってその実態が明らかになっている。その連行のされ方は奴隷狩りそのものである。彼女らの証言によれば、甘言でだまされ、工場労働、その他の雑務等の従事ということで連れてこられた方はまだ良い方で、はじめから奴隷狩り方式で捕えては嫌がる娘を無理矢理トラックに積みこんでいる。それも専門的な人狩り、憲兵、警察官という、国家の権力機関構成員が公的権限の発動として、白昼公然とやってのけている。これが女奴隷狩りでなくて、何であるのか。

この慰安婦狩りの実情は、元慰安婦であった女性たちの証言だけでしか判らなかったものだが、ここに吉田清治という「下関労報動員部長」だった人の『朝鮮人慰安婦と日本人』(新人物往来社、一九七七年)というものが出て、奴隷狩りのシステムの大事な側面とその実態が明らかになった。

●加害者側の証言

一九四四年、吉田氏は山口県庁労政課の中村主事から「朝鮮人女子挺身隊」の動員命令書を手渡される。「陸軍○○部隊の要請に基づき左記の通り労務動員を命ず」という山口県知事から労報下関支部長宛ての命令書で、それには「皇軍慰問・朝鮮人女子挺身隊百名」とある。労報下関支部長は下関警察署長が兼ねているから、これは軍の要請を受けた山口県知事が、下関警察署長に命令を下したことである。

吉田氏は、百人の朝鮮人女性を中国海南島の陸軍部隊まで送りつけるのである。吉田氏の実体験で大事なことは、慰安婦狩りのシステムが明確になったことである。（吉田氏の慰安婦連行は約千人に達する）

県知事が軍の要請を受け入れたのは、陸軍省、内務省などの中央官庁間で事前に合意のあったことを示すものだし、それが軍の要請、県知事から警察署長へと下部に命令が降り、遂には忌わしさの極みである女奴隷狩りとなる。

つまり、慰安婦問題を構想し、政策化したのは軍部、国家総動員法という形で立法化して奴隷狩りを法的に可能にしたのは議会、その奴隷狩りを行政的に指揮したのは内務省、厚生省、直接、執行の任に当たったのは県（朝鮮総督府も）、警察（憲兵も）、面（村役場に当る）という一貫した体系化が明らかになったということである。

これを要するに「朝鮮人慰安婦問題の本質は、日本軍部が構想し、日本政府が執行した国家犯罪であり、天皇の軍隊が集団的に強姦した民族犯罪であるということである。

ちなみに私は吉田氏とは何回か面談したことがあるが、大変に勇気の要ることをやってのけた人として敬意を覚えたものだ。私は吉田氏のような人を大事にしたい。単に事実を暴露したということではなくて、自己の非人間的行為を許し難い犯罪として自己告発を行ったという点で立派だと思う。

第七章　女性たちはどこへ連れていかれたか

1　誰も語らない恥部

●大事なところは責任転嫁

甘言でだまされ、または奴隷狩りさながらに連行された朝鮮人女性は一体、どこへ連れていかれたのだろう。

一言で言えば、日本軍の行った所なら、必ずといってよいほど、慰安所があったので、弾雨、飛び交う最前線の小さな駐屯地にさえ朝鮮人慰安婦は居た、ということである。

それは満州（中国東北部）を含む、中国の至る所であり、ビルマであり、インドシナ半島であり、広大な南方諸地域の島々であり、そして、唯一の日本本土内での激戦地沖縄であった。

そのほとんどが、軍直営の慰安所であり、大体は、兵站担当参謀の指揮下にあった。

今回、軍関連の慰安婦資料が出廻る前に、すでに個々の軍人、従軍記者の回想録や戦記類にはかなりな所まで記されていて、それを挙げるだけでも大変な量と数になる。

同時に兵団や師団の長や、大本営など、中央の参謀、または師団参謀だった人たちの回想録は、ある所までは明らかにするが、大事な所ではぼかしたり、責任転嫁をやったり、甚だ歯切れの悪いものが多い。

とくに慰安婦関係の記述に至っては、「戦時服務提要」（昭和一三年）で「慰安所の衛生設備を完備すると共に軍所定以外の売笑婦、土民等との接触は厳に之を根絶するを要す」と定めてあるにも拘らず慰安所の存在自体に言及しないものが多い。要するに隠し通したいのである。

現在では、従軍慰安婦ホットラインなどで慰安婦のことを話す元兵士もかなり出てきたが、朝日新聞一九八六年九月二日付「テーマ談話室」の「大戦中の恥部、だれも語らない、書かないことがあります。それは、旧日本軍指導層が従軍慰安婦として主に朝鮮の健康な独身女性を、まるで人さらい同様の方法で駆り集め、中国大陸や南方の第一線に送り込み、すさんだ兵士の性欲発散の商品として酷使したことです。……ビルマの大戦末期、ボロボロになった男の服をまとい、敗走する日本軍にまじって後退していた彼女たちを時折思い出し暗然となります」（佐賀県　植松春次郎）という投書には深い感銘をうけたものであった。

●酷使し廃人同様に

誰もが語らない、書かない、これが慰安婦の問題である。

しかしながら、先述したように断片的ではあるが諸戦記類や想い出にかなりなことが語られており、今回の軍資料と併せ読めば、相当な所まで判るように思える。

一九八五年七月に出た『聞き書き　ある憲兵の記録』（朝日新聞社）で元憲兵の土屋芳雄さんは、敗戦時まで居た満州黒竜江省チチハル市の軍専属の慰安所は三ヶ所あって、その二ヵ所は朝鮮人女性だったと言う。「彼女たちは、一日に二、三十人もの兵を、多い時は五十人近くを相手にしていた。……彼女たちは、病気で廃人同様になるまで働かされていた。自殺者もあった」と証言する。

この「軍専用の慰安所のほかにチチハル市には遊廓街があった。永安里といった。接客婦は、中国人だけで五、六百人もいた。大小合わせると数十軒以上の妓館があったのではないか。このなかに、朝鮮人の接客婦四十人ぐらい、日本人は二十人ほど混じって働かされていた」とも言う。

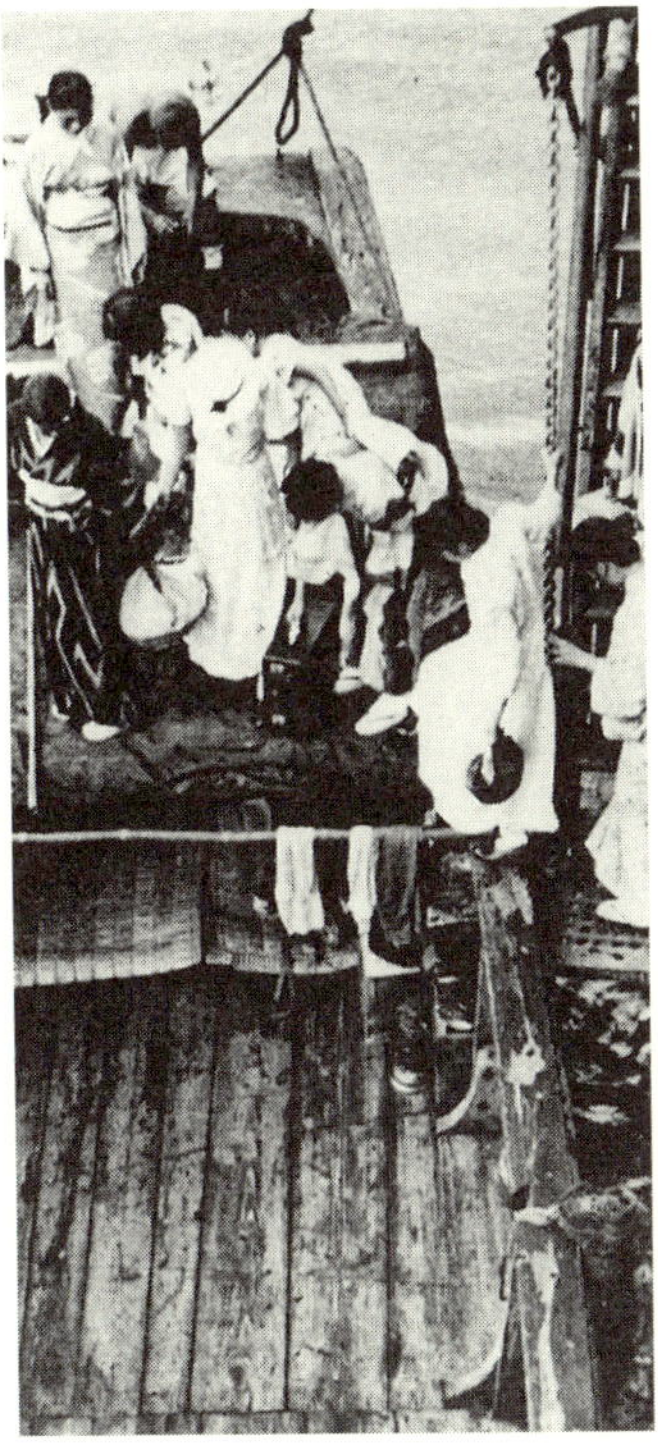
船で戦地に送られた朝鮮人女性たち。

この満州については、一九四一年の対ソ連戦準備のための関東軍特別大演習（関特演）の時、関東軍兵站参謀原善四郎は朝鮮から一万人の慰安婦用女性を連行してきている（予定では二万人）が、チチハルだけでなく、満州各地の省都や軍駐屯地、国境地帯に広く分布されていた守備隊用の慰安婦数は、どれほどいたか数えきれない。この時関東軍は七十万人いた。

北満ハイラル（海拉爾）には軍関係の慰安所だけでも三〇軒あったが、後に八軒プラスしたという（別冊『一億人の昭和史』）ことだが、全容は未だ判らない。問題は責任のある位置にいた高級幹部が口を開かないからだ。例えば、敗戦までの二年間、関東軍参謀副長であった松村知勝という人は、手記を公刊して関東軍について種々書いているが、慰安婦の問題には全く触れないという徹底ぶりである。軍人の回想録は、高級幹部のものほどアテにならないと言ってよい。触れていても歪曲が甚しく、自己弁明にきゅうきゅうしているものが多い。むしろ、知見の範囲はせまくとも、下級兵士の手記などの方が稚拙ではあっても真を衝いているものが多い。以下軍資料を中心に、またいくつかは孫びきになる場合もあるかも知れないが、問題が朝鮮慰安婦のことなので、これに限って体験者の手記類から、朝鮮人慰安婦がどこに連行されていったかについて考えてみたい。

2　朝鮮女性が連行された場所

●従軍記者も目撃

朝鮮人慰安婦の存在について、責任ある幹部軍人が恐らく最初に言及したのは高級参謀辻政信の

日本人画家によって描かれた慰安施設。屋根に煙突がついている。南方ハルマヘラ島で。（寺島祥五郎画集『北支南方戦中に描く』）

『十五対一―ビルマの死闘』（酣灯社、一九五〇年）であったように思う（これ以前にあればご教示願いたい）。その二年後の一九五二年、元中央公論編集長の黒田秀俊氏が『軍政』（学風書院、一九五二年）という本でかなり占領地の軍慰安婦について書いている。

　黒田氏は、慰安所または慰安婦のいた所として、シンガポール、ジャワ島のバタビヤ（今のジャカルタ）、マンガライ、スラバヤ、バンドンなどをあげる。また、ビルマではラシオに兵站宿舎があり、「宿舎の下の家には珍しく四、五人の女がいた。いずれも濁音のいえない慰安婦たちであった」と書いている。濁音のいえない女とは朝鮮人女性のことである。黒田氏はビルマと境を接する中国雲南省の芒市、拉孟、騰

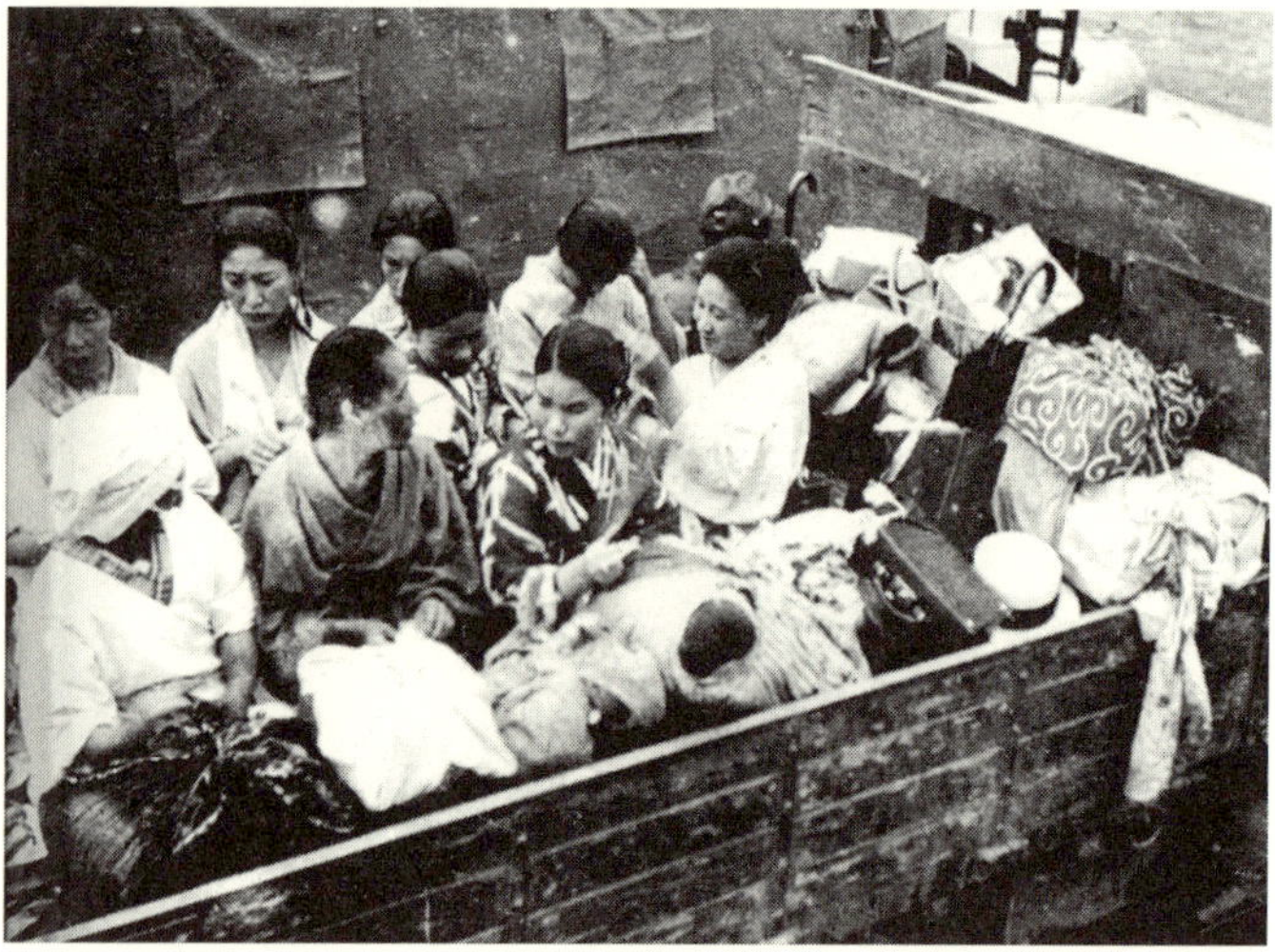

慰安婦たちは無蓋のトラックで、荷物同様に戦場へ運ばれた。（村瀬守保写真集『私の従軍中国戦線』）

越、平戛、龍陵等の龍部隊（北九州で編成）守備の最前線にも行っているが、ここでも慰安所を眼にしている。

一九五三年に出た『秘録大東亜戦史　ビルマ篇』（富士書苑）ではビルマ各地の朝鮮人慰安婦の姿を朝日新聞や読売新聞の従軍記者たちが、同情をこめて書いていた。こんななかで、海軍での慰安婦について、初めて体系だった記述がされていたのは一九五五年に出た『特集文芸春秋』「日本陸海軍の総決算」中の「特要員という名の部隊」であろうと思う。

筆者は重村実海軍中佐。海軍では、娘子軍、慰安婦を特要員とよんでいた。「上官専用のものから、下士官用、軍属用、或は飛行場作りの徴傭（用）工員用と言った工合に分れて居て」、慰安所も「ニッパ椰子で葺いた屋根

軍直営の慰安所に飽き足らない兵隊は裏町の私設慰安所に行く場合もあった。（村瀬守保写真集『私の従軍中国戦線』）

にベニヤ板一枚と言った家からシュミーズ一枚のお姐さんが顔を出す」お粗末なものから「現地の家を徴発した洋館造りの家」や、マニラでは、パイプオルガンのある教会を慰安所にしている。重村中佐の記述で注目されるのは、「女連の中には相当多数の『トラジの花』や『ジャスミンの花』も混って居た。徴傭工員や下士官、兵相手にはむしろ半島出身の女性の方が多かった」とある所だ。当然ながら、軍隊では将校より兵士が多いので比例して朝鮮人女性が多い、ということになろう。また、特要員関係の公式記録として、「簡略した」という断りつきながら、「兵備四機密第一三七号」という、南西方面艦隊参謀長にあてた海軍省軍務局長、兵備局長連名の「第二次特要員進出ニ関スル件照会」に関する極秘通達も初めて紹介されたように思う。この極秘通達の中で、特要員の連行先と員数については次の記述がある。

マカッサル（セレベス島）、S隊（横浜）二十五、A隊（横浜）二十。バリックパパン、U隊（和歌山）四十。ペナン、B隊（海南市）五十。昭南（シンガポール）、未定。スラバヤ、M隊（篠山）三十。アンポン、未定。「アンポン方面は第三次計画として進出せしむ。スラバヤは追て増強を考慮しあり、艦隊側の要望に依り便宜A隊を他方面（メナド等）へ分進せしめられ度し」等々である。海軍関係の慰安婦資料が少ないので、今もってこの重村中佐の記述は貴重性を失っていない。

●だまされて来た

以下、朝鮮女性が慰安婦として連行されて行った先を要約して記しておきたい。

中国東北部。▽東満、東寧。「東満の東寧の町にも朝鮮女性の施設が町はずれにあった。……施設の全部は薔薇で囲まれた粗末な小屋で、三畳ぐらいの板の間にせんべい布団を敷」いていた（長尾和郎『関東軍軍隊日記』経済往来社、一九六八年）。
▽満州、赤峰、朝鮮人慰安婦二十人（伊藤桂一『戦争とおんな』）。
▽満州、孫呉にも朝鮮人五十人の慰安所があった。
▽チチハル近くの白城子に朝鮮人慰安所は四、五ヶ所あり、一ヶ所に二十人か三十人はいた。（日朝協会埼玉県連「従軍慰安婦ダイヤル一一〇番」、以下「埼玉一一〇番」と略す）。
▽満州、林口に陸軍病院があり、月に一回慰安婦の検診があった（埼玉一一〇番）。

▽牡丹江市に陸軍第二飛行集団司令部があったが、そこに朝鮮服を着た慰安婦が二十人ほどきた（埼玉一一〇番）。
▽黒竜江省、桃南、慰安婦三十人のうち二十は朝鮮女性であった（伊藤桂一『女のいる戦場』一番町書房、一九七二年）。
▽黒竜江省、東寧県城趾江の街の中は朝鮮ピー屋（慰安所）があった（埼玉一一〇番）。
▽奉天の四平街の近く、「韓国」の慰安婦を体験した（埼玉一一〇番）。
▽満州、新瓔琿に慰安所は二ヶ所あって、兵および下士官用は朝鮮人慰安婦で、二十人ほどいた。話をした女性は、朝鮮総督府にダマサレて来た、と言った（埼玉一一〇番）。
埼玉県で満州での慰安婦証言が多いのは、関東軍に召集された軍人が多かった故であろうか。

3　最前線にまで出向

●各地にあった慰安所
▽上海、南市、南京、蕪湖、金壇、鎮江、蘇州、呉淞、そして蚌埠《バンプー》には慰安所十四ヵ所。宿県、淮陰、巣県、漂水、常州、香港、以上は軍極秘資料および戦記類中より抜いたもの。▽安徽省蕪湖県（大緒山）第二福明楼、朝鮮人慰安婦二十人。（伊藤桂一『ひまわりの勲章』光人社、一九七七年）。
▽応山、南昌（森金千秋『悪兵』叢文社、一九七八年）および（軍極秘資料）。

▽漢口・積慶里。日本人慰安婦百三十人、朝鮮人慰安婦百五十人（山田清吉『武漢兵站』図書出版社、一九七八年）

▽河北省益県、河北省陽泉、山西省慮家荘（伊藤桂一『遥かな戦場』三笠書房、一九七〇年）

▽武昌慰安婦は「日鮮混合で約二百人」、後に朝鮮人慰安婦が三十人追加された。「慰安所は蛇山公園から蛇山に通じる道の両側に二十数軒」あった。（長沢健一『漢口慰安所』図書出版社、一九八三年）。

▽金華、后先にも慰安所（鈴木隆『けんかえれじい』TBS出版会、一九七六年）。

▽九江、盧山の近くの徳安に慰安所（井上源吉『戦地憲兵』図書出版社、一九八〇年）。

▽黄家集。荊門（湖北省、三国時代の荊州）に四、五十人の朝鮮人慰安婦と姑娘がいた。沙洋鎮（『悪兵』）。

▽楊興鎮（山西省忻県）（伊藤桂一『白い牡丹』）。

▽北京、西単《シータン》（斉藤邦雄『陸軍兵よもやま物語』光人社、一九八五年）。

▽山東省済南付近、春子という朝鮮人慰安婦がいた（埼玉一一〇番）。

日朝協会埼玉県連（川井章会長）は一九九二年一月二九と三〇日の両日「従軍慰安婦ダイヤル一一〇番」を開設し、合計三四本の電話を受け、三月一日、「証言・朝鮮人慰安婦」という三〇頁余のブックレットを出した。二十人近い方々の「慰安婦」関係の貴重な証言が載っていて、この問題の根の深さを考えさせるに充分である。なかでも手記を寄せられた行田市、田口新吉氏（七八歳）

の「中国河北省の陸軍従軍慰安婦」は出色である。田口氏は、時期、師団名、隊名などを具体的に挙げて数ヶ所の慰安婦数、その実態を明らかにされている。

氏は一九四二年、千葉県柏で第十四師団（宇都宮）歩兵第二補充隊に徴兵、河北省鉅鹿に駐屯していた北支派遣軍独立混成第八旅団第三十二大隊に配属され、敗戦後の一九四五年一二月まで戦闘に参加していたという。

氏の手記によると、鉅鹿県の北無塵慰安所に「朝鮮人慰安婦」三人が送られてきたとのこと。「城内の片隅に板屋根アンペラ囲いのバラックを建て急ごしらいの慰安所をつくって三名の慰安婦を置き、三人で中隊二四〇～二五〇名を相手にするわけ」だという。また、鉅鹿県平郷慰安所には陽子という朝鮮北部出身の慰安婦がいて、この女性がある軍曹と手榴弾で心中するという、戦記作家が飛びつくような話も紹介している。

河北省秦皇島慰安所には、いずれも朝鮮人の二〇歳前後の「慰安婦」が七、八人いた。易県慰安所には、二〇歳から二五、六歳までの慰安婦四人は全部朝鮮人である。

●酷寒のなかの性地獄

この他、「四十円で買われた中国人慰安婦」の話や、スパイ容疑や八路軍、「正規軍」の女兵で捕虜になった中国人女性を最前線の分遣隊に慰安婦として送り込み、妊娠して使用できなくなったら、初年兵の刺殺訓練用に使ったという。このような中国人女性に関するショッキングな話もさることながら、田口氏は「巡回慰安婦」という題で、今まであまり知られていない事実も記している。

氏の属していた第二中隊からは、最前線に分遣隊を出していたが、その一つである大黄河鎮分遣隊（二三人）に一九四四年一二月中頃、中隊本部から電話があり、「朝鮮人慰安婦」が一人送られて来たという。「慰安婦」の部屋は望楼の一階に設置された。一人当たりの所用時間は一五分、「酷寒零下十五度から二十度にもなる夜間の望楼で哨戒勤務を済ませ……暖房設備もない望楼の部屋で氷のように冷えきった肌で彼女を抱く……翌日彼女は二十一人も相手にしたが、それくらいはそれほど苦痛ではなかったが、次から次と氷のように冷たい身体で抱かれるのは本当に我慢できなかったと、震えながら言ったと言う。実に残酷な性地獄である。二十歳代の若い身で、こうして次から次へと分遣隊廻りを強制される慰安婦もいた」というのがその記述である。

ある戦記に、南京で目撃したこととして、停車中のトラックの中で、簡単な仕切りを作り、そこで営業させられている慰安婦の話があったが、「朝鮮人慰安婦」は最前線の分遣隊への出向慰安婦や、トラックを停めての移動慰安婦までさせられていたという事実に、朝鮮人同胞はともあれ、慰安婦問題を無視、または敵視されている日本人や日本政府当局者は、心を動かされることはないのであろうか。

4　慰安婦連れ歩く日本軍

●まるで「乞食小屋」

▽広東、河南、仏山、海口、潮州、汕頭、石鼓、澄菴、達濠、海南島、南寧（「軍極秘資料」等による）および、これらの市街地の周辺地区にも慰安所があった。例えば広東を中心とした波集団司令部は、一九三九（昭和一四）年四月一一日から二〇日まで「戦時旬報〈後方関係〉」（『極秘資料集』）で「慰安所ノ状況」として次のように記している。

「一、慰安所は所管警備隊長及憲兵隊監督の下に警備地区内将校以下の為開業せしめり。

二、近来各種慰安設備（食堂、カフェー、料理屋其他）の増加と共に慰安所は逐次衰微の徴あり。

三、現在従業婦女の数は概ね千名内外にして軍に於て統制せるもの約八五〇名、各部隊、郷土より呼びたるもの約一五〇名と推定す。右の他、第一線に於て慰安所の設置困難なるものにして、現地のものを使用せるもの若干あり。

四、慰安所の配当、及衛生状態概況、別紙の如し。

（別紙）慰安所の配当及衛生状況一覧表

区分　　場所　　人員数　　罹病率（百分率）

軍直部隊	市内	一五九	二八%
久納兵団	広東市東部	二二三	一%
浜本兵団	広東市北部	一二九	一〇%
兵站部隊	河南	一二二	四%
佛山支隊	仏山	四一	二%
飯田支隊	海口	一八〇	
合計		八五〇	
備考			

右は憲兵駐留地のみのものを計上す。右以外、三水、九江、官岱（不明）、増城、石龍等にも設置されあるも、極めて少数にして詳細不明なり」

この軍極秘資料が重要なことを呈示していることはお判りと思う。

日本軍がバイワス湾に上陸を敢行したのは一九三八年の一〇月である。それからいくばくも経たないこの時期に、広東周辺には千人からの「慰安婦」がすでにいて、故郷から呼び寄せた「日本人慰安婦」は一五〇人というのである。あとの八五〇人は「朝鮮人慰安婦」で占められていたことだけは間違いあるまい。何故なら、中国人慰安婦については「現地のものを使用するもの若干あり」とあるのでそう判断できる。もちろん軍監督外の現地娼婦群もいる。しかも、波集団司令部の「慰安婦」把握は千人だけである。憲兵隊駐留地以外の多くの守備隊、分遣隊での「慰安婦」はどれ位いるか把握できないということである。

▽中国雲南省の芒市（ビルマ国境に近い山奥）、騰越、拉孟、龍陵、平戛等はもっとも激烈な戦闘地であるが、ここでの「朝鮮人慰安婦」については、あまりにも劇的であり、問題もあるので、後に詳しくみてみたい。

▽上海、南京間は当時も今も鉄道が通って居るが、三〇〇キロメートルのこの沿線の主要駅付近に日本軍は大部隊を駐屯させていた。そして例外なく慰安所を設置したのである。千田夏光氏はこの鉄道警備についた人の一通の手紙をお持ちという。無錫、円陽にも行くが鎮江には慰安所が二〇ヶ所位あって、一ヶ所に八〜一〇人位いたとのこと。また、十二扞にも慰安所があり、倢霞山には三人、竜譚鎮駅付近には軍管理の「慰安婦」が八人いた。安慶の町には「第二十慰安所」という看板のかかった所があり、一ヶ所に一〇人から一五、六人の「慰安婦」がいたとのことである。

千田氏は著者のなかで、福田博正という人の話を載せている。「昭和十三年早春の上海戦線」というから、陸軍省中央部が「軍慰安所従業婦等募集ニ関スル件」を未だ起案も決裁もしていない時である。

「びっくりしたのは済南に入城した二日後に、早くも酌婦（慰安婦―琴）が入って来たことでした。〜人数は三人か四人で、ほとんど全部が朝鮮人だったようです」とのことだ。

●北満の果てにまで

「埼玉一一〇番」で、大宮市に住む小平喜一氏は「駐蒙」、つまり当時の北満の果て、現在の内モンゴル自治区の鉄道沿線の慰安所のことで話を寄せている。小平氏は、三年七ヶ月間駐蒙生活を送った人だが、

「慰安所には、一般兵用に中国人慰安婦が多数いました。朝鮮人慰安婦は下士官用にいました。～値段は上等兵の給料が月に一〇円二四銭の時、朝鮮人は約二円弱、中国人は一円三〇銭ほどでした。～大きな部隊は、慰安婦をつれて移動していましたし、食料も軍が提供していたのです。（中国には）百万を越える軍人がいたのだから、慰安婦の問題で黙っているのはおかしいと思います」

と語っている。元軍人はいま語りはじめた、という感が深い。

5　沖縄でも非業の死

●沖縄に建つ慰霊塔

戦前の沖縄は六〇万の人口であった。沖縄の守りは第三十二軍（球）、軍司令官は中将牛島満で、日本軍の総兵力は現地召集の学徒兵等二万余を加えても一一万余である。地図を見ていただきたい。長く延びた列島の台湾近くの島に達するものまで含めると、百余の島がある。大戦末期、日本軍は沖縄に一五ヶ所の飛行場建設をめざし、また陣地構築のために軍隊のみならず、多数の朝鮮人労働

沖縄・平良市の慰安所跡。(『哀号・朝鮮人の沖縄戦』)

者を強制連行して働かせ、軍および軍属用として朝鮮から大量の「慰安婦」を連行してきた。米軍は一九四五年三月二六日に慶良間《ケラマ》諸島に上陸し、これから三ヶ月、凄絶極まる沖縄戦が展開される。この戦いに動員された米軍は延べ五〇余万人である。この戦いによる日本軍の戦死者は一二万余(沖縄出身軍属を含む)、一般住民の死者は一〇万人に近い。酸鼻このうえない戦いであった。

しかし忘れてはいけない。沖縄本島の摩文仁《マブニ》には、一万余の朝鮮人犠牲者(があったと言われているが確定した数ではない)をまつった慰霊塔があるということを。もちろん、沖縄で非業の死を遂げた多くの朝鮮人慰安婦の霊とともにまつられている。

このたび発見された「慰安婦」関係の軍極秘資料約七〇点のうち沖縄関係は十数種類ある。これによると沖縄本島の北飛行場(今の読谷飛行場)

1991年10月に亡くなった元「従軍慰安婦」ペ・ボンギさん。かつて仲間と洗濯をしたという渡嘉敷港近くのせせらぎのほとりで。（1980年頃撮影）

派遣の重信班が、軍人倶楽部（慰安所）の改築作業に従事している。また、要塞建築勤務第六中隊が、命令を受けて慰安所を建てている。

なかでも石兵団（第六十二師団、師団長は中将藤岡武雄と思われる）は会報を出していて一〇回分が「会報綴」となっているが（もっとも、この会報受領時の師団長が本郷中将となっているものもある）本島の浦添国民学校に本部を置いたこの軍隊の会報には、必ずと言ってもよいほど慰安所の記事を載せている。一九四四年一二月二八日付の会報には、慰安所利用と関連して古語なるものを引用して、「遊ぶ時には馬鹿になれ」と教訓を垂れている。会報の受領者に独立速射砲第二十二大隊というのがあるが、この隊は軍司令部直轄部隊であり、『沖縄決戦』（読売新聞社、一九七二年）を書いた八原博道元参謀によると、この時の大隊長は高橋巌大尉と思われる。

また、真志喜警備中隊は慰安所設置を記録しているし、真部山第二大隊に属した国頭支隊は大隊本部から慰安所設置の増強を命令されている。

その他、独立混成第十五連隊本部や管下中隊の陣中日誌によると渡久地慰安所と呼称すること（この慰安所には一二、三人の「朝鮮人慰安婦」が配備されたという）や、桑江慰安所使用の件、慰安所使用規定の件などが記されている。ちなみに、この第十五連隊の連隊長は美田千賀蔵大佐である（『沖縄決戦』）。

喜納源にある独立混成第四十四旅団の管下部隊も慰安施設の強化を命令されている。『沖縄決戦』によれば、この時の旅団長は鈴木繁二郎少将である。

●住民に秘密扱い

沖縄の「朝鮮人慰安婦」については、いくつかの調査団報告があって、それぞれに感銘深い。なかでも福地曠昭氏の『哀号・朝鮮人の沖縄戦』（月刊沖縄社、一九八六年）は沖縄の各島各地を足で探索した貴重な記録になっているように思う。

福地氏は自身の調査で「沖縄の日本軍は慰安所を住民に秘密扱いしたため、その数はつかめない。三十ヶ所以上の慰安所の数から推定すれば一ヶ所七、八名以上だから二五〇名は下らない」と書いているが、巻末の「朝鮮人慰安所所在地」では、場所と人数、それに施設、年月と詳しく記されていて、これによると五〇ヶ所近い慰安所を挙げ、「慰安婦」も六〇〇人以上となっている。今回の軍極秘資料中の慰安所記述には、従来の調査には出てこなかった地域も幾つかでているので、これらを元に調査を進めれば、沖縄の「慰安婦」問題の究明はもっと深まるものと思う。ちなみに、高尾常彦氏の調査によると、沖縄に連行されてきた朝鮮人慰安婦は全羅南道、全羅北道、それに慶尚南道釜山、馬山出身者が多かったそうである。

沖縄での特徴的な話を一、二紹介しておきたい。

「山部隊（熊本編成）の本部があった具志川にも昭和十九年五月頃慰安所が置かれた。……この部隊の兵隊相手の朝鮮慰安婦が三十人ほど慰安所で働いていた。ここで働く朝鮮慰安婦は二十～二十二歳の若い女性」（『哀号・朝鮮人の沖縄戦』）であった。

「自分は沖縄・富武（とみたけ）隊二八師団陸軍小尉でした。…沖縄県宮古島、島の中央に飛行場がありました。飛行場に近い野原《のばら》岳の東側の中頃の所に、茅葺き屋根の家が二軒あって、各々五～六間あり、どちらの棟のも『朝鮮ピー』と呼ばれる婦人が五～六人はいました」（埼玉一一〇番）。

沖縄の悲惨には、いま一つの悲惨が重なっていたのである。

6　米軍も慰安婦利用

●一九五三年から告発

今回の軍極秘資料中には今までのところ、慰安婦の南方諸地域関係のものとして九点が出ている。地域的にみれば、スラバヤ（現インドネシアのジャワ島）、パナイ島（フィリピン）のイロイロ地区、ボルネオ、オルモック（フィリピン、レイテ島）、同じくレイテ島のサンタクルース、ロポック（インドネシア、スンバワ島）、チモール島、アンボン（モルッカ諸島）などの地名があがっているが、あの広大な南方諸地域を考えれば、以上の地名は九牛の一毛に過ぎないだろう。

自身の足での聞き書きも交えて、中国や南方諸地域での「朝鮮人慰安婦」の実態を初めて明らかにしたのは、千田夏光氏である。一九七三年に出た『従軍慰安婦』と、これに続く関連作は「従軍慰安婦」という言葉とイメージをこの国に定着させることに大いに与って力があったと思う。

その三年後に、それまでの週間誌や単行本の関連記事を集大成したような『天皇の軍隊と朝鮮人慰安婦』（金一勉、三一書房、一九七六年）が出、その後も幾人かの調査があり、それぞれ貴重である。最近では、山田盟子氏の一連の『慰安婦たちの太平洋戦争』シリーズ（光人社、一九九一～九二年）は、軍の作戦、行動等もよく調べて、整理した形で呈示されているが、何よりもその乾いた筆致に救われる。

南方諸地域での「朝鮮人慰安婦」の問題で、いま一人、私に忘れられない人がいる。今は朝鮮民主主義人民共和国に帰国している高成浩氏である。高氏は解放直後から民族運動に関っていた人だが、この高氏は、一九五三年三月という早い時期に「朝鮮評論」（月刊誌）第七号に文を発表して、恐らく朝鮮人としては初めて「朝鮮人従軍慰安婦」のことに触れたのである。

●南冥の果てにまで

そこで重複をさけて、これまでの諸調査を下敷きにして南方諸地域での連行先をみてみたい。

1944年8月14日、ミャンマー（ビルマ）駐屯中国軍が捕虜として捕らえた60余名の日本軍「慰安婦」。(『癒えることのない苦痛』日本関東軍731部隊＜マルタ＞朝鮮人犠牲者真相究明委員会)

「私はついに生きた。そして中国軍軍隊の特別待遇をうけた」1944年8月3日（『癒えることのない苦痛』日本関東軍731部隊〈マルタ〉朝鮮人犠牲者真相究明委員会）

▽（仏領インドシナ）サイゴン、ランソン、ハイフォン、ハノイ。
▽（タイ）バンコク、チェンマイ。
▽（マレー半島）クアラルンプール。
▽（シンガポール）「シンガポールには当時、南方総軍司令部が置かれていて、飛行場も三ヶ所ありました。慰安所は六ヶ所あり、一ヶ所に二〇〜三〇人の慰安婦がいました」（埼玉一一〇番）とのことだが、シンガポールでは、軍司令官や将官など高級将校用の芸者などの高級娼婦がこの時期充満していた。
▽（ジャワ島）スラバヤ、バンドン、バンタビヤ、マンガライ。
▽（スマトラ島）コタラジヤ、「朝鮮慰安婦三〇名」。メダン、「スマトラ島のメダンなどには約六〇人の慰安婦がいて、二〇人ずつ三班に分かれていました」（埼玉一一〇番）。バンガラ、プランタン。（セレベス島）メナド、朝鮮人慰安婦百名。マカッサル、「慰安婦の数は朝鮮人が一番多い」。
▽チモール島、「朝鮮慰安婦五〇名」。（ボルネオ）バリックパパン、パンジェルマシン、ポンテアナック、ゼッセルトン、タラガン。
▽（マラッカ諸島）アンボン、ケイ島。「昭和十八年召集〜アンボンに移りましたが、そこに朝鮮人慰安婦が八〜九人いました。二〇〜二三歳くらいの若い女性で……小隊の六〇人が殆ど全部慰安所に遊びに行くのです。……ケイ島では、現地住民を慰安婦にしていました。……特に私は特務についていたので、原住民の娘を妻にし、「奥さん」と呼んでいました。下士官以上の者は殆ど皆、

原住民の女を妻帯していました。……私の現地妻は敗戦時、現地に置き去りにしてきました」（浦和市、永島泰さん。埼玉一一〇番）。

▽ハルマヘラ、（フィリピン）マニラ、当時のマニラはシンガポールと同じで、軍の司令部のあった所なので、日本から進出してきた高級将校用の芸者屋もあり、下士官、兵用の朝鮮人、中国人、フィリピン人の慰安婦も多く、一大「歓楽街」をなし、陸軍数十軒、海軍四・五軒、日本人六〇人、朝鮮人二一〇人という。バギオ（ルソン島北部）、ルソン島北部の山岳地帯には、敗走する兵士に混じって四百人ほどの慰安婦がいたという（加藤美希雄『秘められた女の戦記』清風書房、一九六八年）。ダバオ（ミンダナオ島）、「私のいたダバオには、陸軍と海軍が駐屯していました。慰安所は陸・海軍それぞれ三ヶ所ずつ計六ヶ所あって、一ヶ所に二〇〜三〇人の慰安婦がいました。……、アメリカ軍の上陸後……驚いた事に、アメリカ人も収容した慰安婦を利用したことです。私は昭和二十一年、アメリカ軍の輸送船で二〜三〇人の朝鮮人慰安婦と一緒に浦賀に帰国しました」（浦和市、佐々木実さん、埼玉一一〇番）。

この話を寄せた佐々木さんはフィリピンで生れ、一三歳の時に、敗戦で日本本土に送還された方である。バコロド（ネグロス島）ポナペに慰安所があった（御園生一哉『軍医たちの戦場』図書出版社、一九八二年）。南冥の果て、はるばるも来つるかな「朝鮮人慰安婦」。

7　前線にも後方にも慰安婦

●爆撃で撃沈、死亡

▽南の果てというが、「朝鮮人慰安婦」がもっとも遠くまで行ったとい所はブーゲンビル島であろう。考えても見てもらいたい。日本本土から七千キロ以上も遠くの南の島である。「朝鮮人慰安婦」七人は、ラバウルからさらに遠くのガダルカナル島（日本軍約三万二千人のうち二万人近くが死んだ、〈玉砕〉の島として有名）に送られる途中、米機の空襲をうけて船が沈没し、二人だけが近くのブーゲンビル島にひろいあげられた（千田氏採談）。

▽ラバウルはニューブリテン島にある港町だが、日本軍は一九四二年二月一日にここを占領するや否や南方戦線最大の基地に作り変えてしまった。最盛期には、陸海（ともに空軍を持つ）合わせて十数万の大軍が駐留し、数ヶ所の飛行場と数百機の航空機が常備されていただけでなく、周辺諸島への補給基地にもなっていたので、多くの人員と、莫大な物資の集散する一大中継基地でもあった。勿論、第八方面軍司令部もここにある。慰安所はなんと四十数軒あった。「朝鮮人慰安婦」はラバウルを少しはなれたココポ慰安所に入れられたが最終的に何人かは分かっていない。

▽日本の南洋庁のあったコロール島にも慰安所があり（多田欣次『秘録・太平洋篇』）、テニアン島には六十人の慰安婦がいたというが「朝鮮人慰安婦」の数は分からない。

▽トラック島には島全体で慰安婦は五百人という証言がある。

「トラック島は夏島、冬島、竹島、春島などの島々からなっていて、第四艦隊司令部が置かれ、夏島には陸軍第八師団、海軍第四十一警備隊、第八十五潜水艦隊基地がありました。この他の部隊を入れると全体で陸軍約二万、海軍約二万の計四万人がいました。

夏島には、慰安所が下士官、兵、将校、軍属用と三ヶ所あり、下士官、兵用には沖縄、九州の出身者が八割、朝鮮人が二割いました。将校用は日本人で、軍属用は全員が朝鮮人でした。……慰安婦はトラック島全体で約五百人いました。……昭和十九年に入ると、米軍の爆撃が激しくなり、作戦上も慰安婦が足手まといになるので、輸送船で帰しだしましたが、氷川丸という病院船に乗せた慰安婦は助かったようですが、輸送船の慰安婦はほとんどが米軍の爆撃で撃沈され、死んだようです」(埼玉一一〇番)

●弾丸の中、連れて壕に

▽この他、パラオ本島、ペリリュー、サイパン、グァムに慰安所があり、数人から数十人単位の慰安婦がいたとされる。またヤップに関しては「ヤップ慰安婦は二百人を越す人数」(ヤップ民政部軍医・吉田昇平氏)という証言があり、「朝鮮人慰安婦」は数十人といわれている。

▽ビルマ地域。ビルマにおくりこまれた慰安婦は四千数百人というが実数は掴めてない。ラングーン、ペグー、カーサ(「朝鮮人慰安婦」は数十人)、メークテーラー、マンダレー、シエボ、メイ

ミョウ、ラシオ、バーモ、ピンナマ、モールメン、トングー、インドウ、タウンジー、ミチーナ（ミートキイナ）等々に慰安所があり、これらの地域の周辺にも慰安所があった。

大きな都市の慰安所は、もと英人居住館などを接収した洋館で堂々たる構えだが、周辺地区や前線に近い所はひどいものである。

「廃屋の農家やヤシの葉っぱで出来ているような簡単な家で、隣の様子が手に取るようにわかるのです。前線基地にも後方部隊にも慰安所はあり、弾丸の中をピーヤを連れて防空壕に入った事もありました」（埼玉一一〇番）。

もっとも、ラングーンに方面軍司令部をおいた木村兵太郎などは「一楽」や「翠香園」で、そしてインパール作戦の暴将、牟田口廉也軍司令官らも清明荘で連日鳴物入りのドンチャン騒ぎをした。「勇将の下弱卒なし」で「一際目立つ建物には翠《ママ》明荘と書いた看板がかけられてある、将校専用の慰安所であり、その界隈の下士官兵の慰安所も昼間から大入満員の盛況を呈している」（辻政信『十五対一』）ということになろう。

陸軍報道部員としてインパール作戦に従軍した作家によると「むろん、印緬国境の密林の戦所に酒屋はない。……女とくると、なおさらである。……なんと女がいたのである。牟田口軍司令官の戦闘司令所に近い前線のジャングルのなかに、一つの瀬降りがあって、そこに親方夫婦と朝鮮人のムスメ四人が、砲声におびながら店を開いていたのには驚いた」（棟田博『陸軍いちぜんめし物語』光人社、一九八二年）とある。

辻政信は自著で「第一線の陣地まで天草娘が進出し、朝鮮娘が付添っている」と書いたが、この辻の記述は逆である。都市部ならいざしらず、ここビルマでも前線に近いほど、「朝鮮人慰安婦」が圧倒的に多かったのである。

第八章　軍管理下の慰安婦は何人いたのか

1　軍管理下の慰安所規定

●歴然たる民族差別

軍中央部の軍の管理による売春制度確立構想は慰安所設置、慰安婦募集となって結実したが、従軍慰安婦制度の導入目的が、性病予防、強姦防止ということにあった以上、規定を設けて、慰安所利用を円滑に行おうとしたことは理解できなくもない。

しかし、ここで問題になるのは、この種の問題についても規定そのものの中に民族差別が歴然と明確に示されたことであり、軍管理の側面が強く出たことである。

慰安所管理規定については、従来の研究書の中（例えば、麻生軍医の意見書）にも幾つかの利用規定が紹介されていたが、今回の軍資料にも一〇に近いものがある。その二、三を紹介して、軍の慰安所そのものに対する考え方と、朝鮮民族をはじめ他民族を、性の次元でいかにとらえていたかを見ることにしたい。

第一のものは、中国本土に対する本格的侵略初期のもので、上海、南京を攻めた部隊と思われる独立攻城重砲兵第二大隊（「万波部隊之印」という丸印が押してある）のものである。

「常州駐屯間内務規定を本書の通り定む、昭和十三年三月十六日、大隊長　万波少佐」とある内務規定のうちの第九章は「慰安所使用規定」（資料編（その1）「資料⑥」）となっている。

「方針　緩和慰安の道を講じて軍紀粛正の一助となさんとするに在り。

設備　慰安所は日華会館南側囲壁内に設け、日華会館附属建物及下士官、兵棟に区分す。下士官、兵の出入口南側表門とす。

衛生上に関し楼主は消毒設備をなし置くものとす。

各隊の使用日を左の如く定む。

星部隊　　日曜日
栗岩部隊　月火曜日
松村部隊　水木曜日
成田部隊　土曜日
阿知波部隊　金曜日
村田部隊　日曜日

其他臨時駐屯部隊の使用に関しては別に示す。

兵站司令部が定めた慰安所規定。この慰安所には100人余の女性がいたが、その大半は朝鮮人女性だった。（『写真記録日本の侵略：中国朝鮮』）

実施単価及時間、1、下士官、兵、営業時間を午前九時より午後六時迄とす。2、単価、使用時間は一人一時間を限度とす。

支那人　一円〇〇銭

半島人　一円五十銭

内地人　二円〇〇銭

以上は下士官、兵とし、将校（准尉含む）は倍額とす」（片カナを平仮名に改む）。以下の条項は略したいが、主なものを抜けば、定例検黴日を設け、検査主任官を第四野戦病院医官に当てたこと、「支那人を客として採ることを許さず」としたこと、「監督担任部隊は憲兵分遣隊」としたことである。日本軍部は日本人、朝鮮人、中国人について料金にまで格差をつけて、最低のところで人種的優越感を確保しようとしていた。あまりにも貧しい優越意識の自己表現であろう。

●料金を民族で格づけ

二番目に紹介するのは「昭和十七年十一月二十二日」付、「比島軍政監部ビザヤ支部イロイロ出張所」の管理地区内の慰安所規定である（資料編（その1）「資料⑦」）。イロイロ地区はポナイ島にある重要な基地だが、ここでも「慰安所の監督指導は軍政監部之を管掌す」、「警備隊医官は衛生に関する監督指導を担当するものとす」とあって、軍の厳しい管掌下にあることが明示されている。この他に「防諜の絶対厳守」と「慰安婦散歩」にまで時間と散歩区域を図入りで示して「公園を中心とする赤区界の範囲内とす」という制限規定が注目される。ここでは、兵、下士官、軍属の「遊興時間」は三〇分とある。

三番目に紹介するのは、「昭和十九年五月」に出された在中国の波集団真兵団の中山警備隊作成になる「軍人倶楽部利用規定」である。「第三条、部隊副官は軍人倶楽部の業務を統轄監督指導し、円滑確実な運営を為すものとす」、「第四条、部隊附医官は軍人倶楽部の衛生施設及衛生施設の実施状況並に家族、稼業婦、使用人の保健調理、献立等の衛生に関する業務を担当す」、「第五条、部隊附主計官は軍人倶楽部の経理に関する業務を担当す」とある。この利用規定は全二〇条あって、時間や料金規定なども勿論あるが、部隊副官が慰安所業務を統轄、監督、指導、運営して、部隊附医官が慰安婦等の衛生を担当し、部隊附主計官が慰安所の経理業務を担当するとなっていて、これはまさしく軍管理下の慰安所利用規定の典型例といえる。

また種々の既出資料をつき合せて料金規定からその格づけをみると、白人、日本人、白人とアジア人の混血、朝鮮人、台湾出身者、中国人、（アジア各地の）現地人という順序になっている。勿論、日本人女性で師団長や軍司令官の専属であった「高級」娼婦は別である。

2　日本政府に挙証責任

連行された「朝鮮人慰安婦」の総数の問題は、従来、七万人説から二十数万人説まであって、その差の大きさは、「慰安婦」問題に不快感を示すある種の人々に、「信用できない」との口実を与え、「慰安婦」問題そのものを否定しようとする動きさえ出てきている。

南京での虐殺事件そのものを「まぼろし」化しようとした意図や手口と全くの同工異曲と言えよう。

●戦後に証拠を隠滅

「慰安婦」問題と関連して、さきの第七回日朝交渉の席で日本政府代表は、「慰安婦」被連行の事実が認定できたら請求権の範囲内で補償に応ずるとしたが、これは全くの居直りで「賊かえって杖をふるう」（賊反荷杖＝盗っ人猛々しい、の意）そのものである。

最近の公害関係の裁判でも昔と違って加害者側の企業に因果関係その他の挙証責任がある、とされている事実に照しても、日本政府の態度は無責任極まるといわざるを得ない。

日本は一九四五年八月一五日の敗戦に際して、自分達に都合の悪い公文書、書類、証拠のたぐいは、すべて焼却や処分を命じて、侵略や他民族弾圧などの証拠隠滅を図ったことは天下周知のことだ。自らが証拠を処分しておいて、今になって、被害者側に挙証責任を負わす如き言動は陋劣と言うべきだろう。

敗戦時の日本政府の証拠隠滅作戦と関連しては、今回の軍極秘資料の中から、次の資料を挙げたい。第四十八師団の終戦処理状況に関する師団長の報告である（資料編（その1）「資料⑧」）。

「第四十八師団戦史資料竝終戦状況

第四十八師団（「スンバワ」島「ロポック」）

昭和二十一年七月五日　師団長中将山田国太郎

復員庁総裁殿

一、前言

第四十八師団戦史資料は停戦時、其の大部を上司の指令に基き処分し、又残部も豪州軍に提出せしを以って、正確なる資料殆ど皆無なり。依って将兵の記憶を綜合し、主として「チモール」島防衛作戦以降を勉めて詳細ならしむる如く記述し、「フィリッピン」及「ジャワ」作戦は既提出資料に依り得べきを以って概要に止めたり」（片カナを平仮名に改む）。

特別に説明を加える必要もあるまい。師団の戦史資料でさえ、「上司の指令に基き処分」したと師団長閣下が報告文に書いている。

日本政府関係者および御用評論家の一団は、ことあるごとに「公の文書がないから証拠にならない」「証言だけでは証拠能力がない」と言う。この師団長報告は、いまのところ、上部の資料処分指令を証する公文書として唯一のものであろう。

この稿の初期の「一枚の陸軍省文書」で明らかな如く、「慰安婦」問題の起案から実施に至るすべての過程は軍中央、政府の手で行われた。したがって被連行「慰安婦」の氏名や住所、連行先などをはじめとする実態に関する挙証責任は、実施に当たった日本政府にあることは論をまたない所だ。研究者や関係者が独自の調査法で「慰安婦」数を割り出そうとする努力に対し、日本政府当局者が傍観視することは許されることではない。

●七〇万人に対し二万人

さて、「慰安婦」数の問題について私見を述べたい。

「慰安婦」数の割り出しと関連して、はじめてその算定規準に触れた書物は一九六五年に出た中公新書『関東軍』（島田俊彦）であったろうと思う。

一九四一年の関東軍特別大演習、いわゆる「関特演」という対ソ連軍事行動と関連して、日本軍七十万人の性的欲求を満たす慰安婦として、「原善四郎参謀が兵隊の欲求度、持ち金、女性の能力等を綿密に計算して、飛行機で朝鮮に出かけ、約一万（予定は二万＝原註）の朝鮮女性をかき集めて北満の広野に送り、施設を特設して〈営業〉させた、という一幕もあった」というのである。後に千田夏光氏は原氏に会って話を聞いている。

原参謀はその時、関東軍司令部参謀第三課に属して兵站担当であった。原参謀は朝鮮総督府の総務局に行き「慰安婦」二万人を依頼したという。

この時、一万人近く集めたが、算定規準に合わせた予定数は二万人である。七〇万対二万、つまり三五対一ということである。

軍当局の「慰安婦」算定規準と関連しては、従来「ニクイチ」という言葉が伝わっていた。「二九・一」、つまり二九対一という数比をもじって「ニクイチ」と言い慣らわしていたのであるが、「肉一」(肉体一つ)と連想もでき、覚えやすかったので、残った言葉であろうか。

しかし、原参謀の挙げた数字でも、「ニクイチ」でも伝聞として伝っているだけで、公的な文書に記録されていたのはなかった。

「慰安婦」数を割り出す、つまり日本支配層のこの数比に対する考え方を示す公的資料が、石炭統制会の関連資料の中で出てきた。

3 「一四万二千人殺した」

●軍人三〇人に一人

最近、朝鮮人や中国人に対する強制連行関連の各種資料が続々と発見されているが、その一つに石炭統制会関連のものがある。日本為政者は、連行就労者の作業遂行の円満を期す為であろう、その「要綱」等の中に、「慰安婦」問題をからませていて、その数の割り出し比率を、公的文書に明確に記録させている。

例えば、佐渡鉱業所における「半島労務管理研究協議会」では「性欲問題」を議題にしている。これとは別に、極秘の印のある企画院の「苦力（クーリ。当時中国人労働者をこう呼んだ）ノ件」によれば「性の問題。千人に二、三十人を同時に連れて来る予定」としてある。つまり、五〇対一、または三三対一、と数字をここでは示しているのである。また、これも極秘の印のある「苦力使用ノ要領」で日本内地に移入する苦力との関連で、「慰安婦（特殊婦女）。苦力一、〇〇〇人に付、四〇人乃至五〇人の慰安婦人を移入」という数字をはじいている。ということは、二五人に一人、または二〇人に一人ということだ。それに、マル秘の「華人労務者第一次対日供出（移入）実施細目」中の「供出に関する経費」の項で、実際に二一二人の労務者に「慰安婦費、九（人）、一七、八二四、二〇」と、数および費用まで出している。二一二人対九人なら、二三・五対一ということになる。

この石炭統制会関連の「慰安婦」数の記述がいかに大事なものかはお判りだと思う。今まで、伝聞の形で伝わっていたものが、キチンと極秘文書に印刷されて残っていた、という点で画期的な意味を持つ。

つまり、これで、日本軍部をはじめとする為政者の「慰安婦」数に対する考えがはっきり示され

廃屋から出て着物を直す「慰安婦」。華南・欽州にて。(『一億人の昭和史』第2巻)

たということである。石炭統制会関連の以上の資料からいえることは、「慰安婦」数を五〇対一、または二〇対一と考えていたのがはっきりしたわけだが、大体三〇対一くらいに落着くことになろう。従来の伝聞のニクイチは、根拠のないことではなかったのである。

●約七割が朝鮮人

「慰安婦」の総数割り出しと関連して第二は、日本人と朝鮮人の比率をどの程度にみるかということが重要である。麻生軍医の上海検診では、日本二〇余人、朝鮮八〇人で約八〇%が朝鮮人であった。

昭和十五年一月の「北支」多田部隊富塚隊の調査では、日本一、四二七、朝鮮二、四五五、「支那」一五三、西洋一というのがあるが、日本だけとの対比なら「朝鮮人慰安婦」は六三%である。

昭和十八年二月の検診表では南京等六地区での朝・日対比は約一三%である。

しかし、『憲兵下士官』（新人物往来社、一九七四年）で鈴木卓四郎氏は次のように書いている。
「終戦時における、南支軍は大体十万と見て、千五百人前後と見るのが当らずとも遠からぬ数字ではなかろうか。此の一千五百人前後の七割以上は半島人（朝鮮人）婦女子であったことは驚くより外はない」

日本人「慰安婦」は「北支」や「中支」のような比較的治安の保たれている所は多いが、「朝鮮人慰安婦」の場合は、辺地や戦闘地域など危険度の高い所ほど多い。これは、今までの記録に出ているし、最近の各地での慰安婦一一〇番によっても、明らかである。南方諸地域の島々なら尚更であろう。この意味で、鈴木氏の書いた「南支」での七割というのは平均値に近いと思われる。ちなみにほとんどの軍隊体験者は、「慰安婦」とは即朝鮮人慰安婦だったという。「慰安婦」総数は、この三〇対一と、七割という数字を日本軍総数にかければ、ほぼ正しい数字が得られるように思う。

敗戦時の日本軍は七〇〇万人で、本土には二五〇万人。復員した軍人総数は四四八万だから、これを三〇で割れば一四万九千人という数になる。厚生省発表で戦没者三一〇万人のうち、軍人は二三〇万人、三〇で割れば七万六千人の数が出るが、「慰安婦」の死亡率は軍人と同じではないので、半分としても三万八千人となる。合計すれば一八万七千人で、この七割となると一三万九百人の数が出る。

参考までに、この問題と関連した自民党埼玉県秩父地方選出の荒船清十郎（故人）議員の言を紹介したい。「日韓条約」が結ばれたほんの数ヵ月後の一九六五年一一月二〇日、秩父厚生会館で四百人を集めて秩父郡軍恩連盟招待会が開かれるが、荒船議員はここで演説し「朝鮮の慰安婦が十四万二千人死んでいる。日本の軍人がヤリ殺してしまったのだ」と言っている。荒船氏は後に大臣にもなる人だが、より大切なことは、「日韓条約」終了直後というタイミングの問題である。彼は国会議員、それも与党の代議士としての情報源からこの数字を得たに違いない。

それにしても、問題の数字が、私の割り出した数字に酷似しているのには驚かされる。

第九章　死して異域の鬼になる

1　〈朝鮮ピーは消耗品〉

●玉砕の道連れに

朝鮮人「慰安婦」の末路こそ哀れにして悲惨である。いくつかの証言によれば、すでに連行中の輸送船から海に身を投げた女性も少なくない。他に本年（一九九二年）四月、福岡市の元調理師荒木寛一さんは、一九四四年夏、台湾近海で、フィリピンに向った船が米潜の雷撃を受け、若い朝鮮人「慰安婦」が多数水死したが、上官は「軍人から助けよ…、朝鮮ピーは消耗品だ、代わりは朝鮮にいくらでもいる」と叫んでいたことを証言した（「日本の植民地支配と補償を考える交流集会」）。日本軍は、玉砕寸前、狂気のように「慰安婦」の体を求め続け、いざ最期となると道連れに虐殺する部隊もあった。

上海人民美術出版社の楊克林氏は「西雲南・北ビルマの血戦」で次のように書いている。「松山

(拉孟)の戦闘では、…軍が壊滅寸前の時にも、自分たちに享楽を提供してきた数十名の従軍慰安婦を解放しなかった。つまり、慰安所は松山のふもとにあったため、慰安婦はまず中国人の捕虜となったが、日本軍は口ふうじのために反撃に出て慰安婦を奪い返して全員殺し、自分たちの殉葬品としたといわれている」(別冊歴史読本「未公開写真に見る『日中戦争』」より引用)。

また、作家の西口克己氏は小説『廓』(三一新書、一九五六~八年)の中で、トラック島で壕内にいた「慰安婦」虐殺について書いている。志田少尉は上官から「あいつらは素人娘ではなくて商売女だ。敵が上陸をしてきたら何をするか知れたものではない。国辱だ」、だから殺せと命令され実行する。軽機関銃を乱射する訳だが、「ガックリ首を折っている女、やや離れて一かたまりの肉布団のように折り重なって死んでいる女、抱き合ったまま死んでいる女、丸太ん棒のように転がっている女、……六、七十人もの女たちが、完全に事切れ、血まみれになって死んでいた」とある。

ビルマでの「慰安婦」の末路に関連して、従軍していた朝日新聞の丸山静雄記者はこう書いている。「哀れをとどめたのは、慰安婦と飲食店の女たちであった。…終始部隊と行動をともにしてきた彼女らは、いま苦難の道を突破して漸くシッタン河畔にたどりついたのだ。ところが濁流に彼女らを待つものは筏であった。……その身体は忽ち濁流にのまれていた」(『秘録大東亜戦史・ビルマ篇』富士書苑、一九五三年。ちなみにビルマ篇には「慰安婦」記述が多い)。

●解放後も襲う

この他、いくつかの戦記は南方の島々や、フィリピンの島々で米軍の猛爆で爆死する「慰安婦」や敗走する日本軍ともどもジャングルを彷徨し、疲労と飢えとマラリアで身動きできずただ死を待つばかりの彼女らの悲惨な姿を伝えている。

それに、激戦地や地の果てといった僻地に置き去りにされた朝鮮人「慰安婦」も少なくない数にのぼる。そのことを証言する元軍人もかなりいるのである。

日本敗戦後も、朝鮮人「慰安婦」は「慰安婦」なるが故の恥ずかしめを受ける話を、小説の形ではあるが伊藤桂一氏は「輸送列車の女たち」と題する作品の中で描いている（『ひまわりの勲章』光人社、一九七七年）。

オランダ領スマトラは現インドネシア中最大の島で、南北二千キロ近い細長い島である。この島の最北端のコタラジヤには近衛第二師団（宮兵団）の一部が駐屯していたが、敗戦から一〇日余り経ってから岡野軍曹は、副官の井田少佐に呼ばれ、朝鮮人「慰安婦」三〇人をメダンまで送るよう命令される。

コタラジヤからメダンまで約五百キロほどである。汽車に乗った。ともあれ故国に帰る第一歩である。その途中で七、八〇人の兵隊たちが乗り込んできて、この連中が三〇人の女に襲いかかったのである。岡野は叫ぶ。「この人たちは、もう、日本軍の慰安婦ぢゃないんだ。独立する朝鮮の女なんだ」。彼は気を失うほど殴られる。車内は落花狼藉である。暴風が去った後、女の一人が言う。

「あいつらは、けだものだよ。あいつらは、日本が、朝鮮にしたようなことをしたのよ」

彼女らは、日本の朝鮮支配がいかなるものかを自分の体を通し知っていた。「あいつらは」、敗戦後といえども変ってないことも。

2　犠牲になったのは朝鮮人

●攻防戦に巻きこむ

大戦末期の「慰安婦」の悲惨さの典型として、北ビルマ、雲南における「慰安婦」について紹介したい。

日本の中国侵略が進展するにつれ、英米などの国々は蒋介石政権支援を公然化した。イギリスは支配下にあったビルマ（現ミャンマー）のラングーンを拠点として、北ビルマ・雲南を経由するいわゆる援蒋ルート〔滇緬《てんめん》ルート〕を通じて援助物資、武器弾薬を送りこんだ。だから、日本が米英に宣戦布告し、ビルマ占領を決意したのは、領土拡大もさることながら、最大の狙いは、この滇緬ルートを断つことにあったのだ。中英間では、新ルートの建設が合意された、これが北インドのレドからビルマのフーコン谷を経由して雲南省都昆明に至るレド公路である。レド公路は一名「東京への道」と呼ばれた。延々一千余マイル、北インドのレドから、魔の谷フーコンを経て北ビルマの重畳たる険嶺、至る所の断崖絶壁を切り開き昆明へつなげようという、戦史上かつてない大工事を

中国遠征軍によって救助された元「慰安婦」たち。右側の女性は朝鮮北部出身の朴ヨンシムさん。彼女は騰沖・龍陵にて日本軍兵士によって妊娠させられ、その後出血多量で胎児はお腹の中で死亡。手術で胎児は除去された。1944年9月3日。（ハルピン市社会科学院所蔵）

伴った戦闘である。レド公路の建設は、北ビルマから日本軍を排除することなくしては不可能だ。この公路上にあるミチーナ（ミイトキーナ）や、国境ぞいの雲南側の騰越、拉孟《ラモウ》とその周辺の龍陵、芒市、平戛、保山などを守備していた日本軍は、インド側と雲南側からのはさみ討ちにされる形になる。ここに中国、米、英印連台軍と、北ビルマに展開した日本軍とのこの戦史上稀にみる壮絶を極めた

2000年12月、東京にて、当時の手術痕を公開する朴ヨンシムさん。（ハルピン市社会科学院所蔵）

死闘が繰り広げられることになる。何とこの凄絶な攻防戦に、少なからぬ朝鮮人「慰安婦」が巻きこまれてしまうのである。

ミチーナは北ビルマ最大の要衝である。この攻防戦を記す紙面のゆとりはない。しかし、死守を命ぜられた水上少将は自決する二日前に撤退命令を下し、この中には、慰安婦二〇人が含まれていた（相良俊輔『菊と龍』光人社、一九七二年）。

拉孟における一三〇〇人の日本軍玉砕に至る戦闘は凄絶の極みである。標高約一五〇〇メートル、眼下に激流で有名な怒江を見下ろし、ここにかかる恵通橋と滇緬（雲南・ビルマ）公路を擁する要衝である。対岸と北方は三〇〇〇メートル級の山々、この拉孟に慰安所設置を指示したのは第三十三軍作戦参謀、あの辻政信である。ここに「慰安婦」二〇人が連れてこられた。朝鮮女性一五人、日本女性五人である。（『菊と龍』では朝・日の数は逆だが、これは相良氏の誤記と思う）。

やがて、米式装備と猛訓練を重ねた衛立煌指揮下の精鋭、雲南遠征軍が拉孟への猛攻を開始した。中国軍三〇、日本軍一の割合である。戦闘が激しくなると慰安婦たちは、弾丸の飛びかう陣地で炊事の手伝いをしたり、握りメシを配ったり、負傷者の世話をしたという。

●手榴弾で道づれに

全滅の一日か二日前までは、二〇人の「慰安婦」はみな無事だった（吉武伍長証言）。辻参謀から出た話として玉砕の日、日本人慰安婦は晴着に着替え、化粧をして全員が青酸カリをのんで死んだとあり、別な話では、日本人慰安婦は「朝鮮人慰安婦」に対し、「私たちはここで死ぬが、あなた方は何も日本に義理立てして死ぬことはない」と言って投降をすすめたという。だが、品野実氏は『異域の鬼―拉孟全滅への道』（谷沢書房、一九八一年）で、この話を否定している。「九月七日……大きな横穴壕に重傷者と慰安婦がはいっている。昇汞錠を重傷者と慰安婦にも与えた」。「手榴弾で自決した者もおり、そば杖を食ったらしい慰安婦の死体もあった。…日本人慰安婦が死に化粧をして、青酸カリをあおり、朝鮮娘を逃したなどと書いた戦記は嘘っぱちだ」

しかし、騰越でも拉孟でも壕の中の「慰安婦」を手榴弾で殺した話も伝わっている。拉孟や騰越全滅後、捕虜や慰安婦は保山の仮施設に入れられたが、拉孟の日本人慰安婦四、五人はここにいた。「ほかに拉孟組の朝鮮人五名ほどもいた。ということは、拉孟にいた朝鮮人約十五名のうち、約十名は死に、五名ほどだった日本人はほとんど助かっていることになる」。（『異域の鬼』）。

騰越守備隊三千人の全滅については、唯一人といわれる生存者吉野孝公氏の『騰越玉砕記』（私家版、一九七九年）に詳しい。三〇〇〇の兵力で六万の大軍を迎えうつのであるから、その凄まじさが量れよう。彼我の猛爆下に慰安婦は二、三〇人いた。全員朝鮮人である。全滅する日彼女らは、何人もの脱走兵に同行を頼んでいる。だが、吉野氏一人だけ助かり、重傷を負って捕虜となる。そして保山で、「計らずも意外な人達に巡りあった。それは脱走の折、闇の中で別れた朝鮮人慰安婦の人達であった。二十四、五名はいたようであった」とのことである。

それにしても、二〇歳前後の朝鮮人女性が、何のために苛烈極まる戦場に無言の証人として立会わねばならないのか。嗚呼……。

3　アジア各民族も犠牲に

●行く先々の女性を

日本為政者によって「慰安婦」にされた代表格は朝鮮女性で、その数は圧倒的に多いが、アジア地域の当該諸民族の女性もまた「慰安婦」にされ、その数も少なくない。

偽満州国建設と関連する旧満州地区、いわゆる満州出身の女性がもっとも早く、大陸侵略と関連して中国の娘を「慰安婦」にするのがこれに次ぐ。

例えば在中国の呂集団特務部が一九四〇年（昭和一五年）四月に出した「月報」（『極秘資料集資料編（その1）「資料⑨」』）中の「娼区の設定」の項では「漢口在住の娼婦は現在の登記人員二百数十人に過ぎざるも、実数は優に三千人以上に達しあるものと思料せらる（以下略）」とある。

漢口地区における「慰安婦」数については、漢口兵站司令部で慰安係長だった山田清吉氏の『武漢兵站』中の二八〇〇人説や、この漢口兵站司令部で軍医をやっていた長沢健一氏の『漢口慰安所』中の三〇〇〇人説が定説のようになっていたものだが、軍極秘資料で三〇〇〇人以上いたことが明らかになった。

積慶里の三〇〇〇人「慰安婦」の一〇倍以上の娼婦群の存在について、山田、長沢両氏の言及はない。この人たちも漢口の娼婦について、自己の理解範囲以上のことは述べようがなかったのかも知れぬ。一〇倍以上の数なのに。しかも、この「三千人以上」といわれる大部分は中国人女性であるが、この公娼街の利用者が中国人だけということではないはずだ。

黒田秀俊氏の『軍政』の「マンガライの将校慰安所」の項には、ジャワの連合国人の白人（オランダ人）女性が、この将校慰安所に入れられていることが書いてある。また、兵隊が「シンガポールでは姑娘《クーニャン》の配給がありました」と言ったことが記されている。

とにかく、日本軍が行った先々で、現地女性を「慰安婦」にしている。仏領インドシナに行けば安南娘、タイでタイ娘、マレー半島ではマレー娘、蘭領ジャワではインドネシア娘、フィリピンでは各島々の女性たちという具合である。「埼玉一一〇番」では、モロッカ諸島のケイ島で現地人を「現地妻」にして置き去りにした人が告白されていた。

●秘密電でやりとり

台湾女性も例外ではなかった。

軍極秘資料中に「陸亜密受第二二五九号」というのがある。

台湾軍司令官から陸軍大臣に宛てた秘密電報とその返電案である（資料編（その1）「資料⑩」）。

大臣宛電報は次のようになっている。

「陸密電第六三号に関しボルネオ行き慰安土人五〇名、為し得る限り派遣方、南方総軍より要求せ

電信兵と「慰安婦」(撮影は中国軍か？)

中国遠征軍第8軍将校が監禁されていた朝鮮族「慰安婦」を審問している。
1944年9月8日。(ハルピン市社会科学院所蔵)

るを以て、陸密電第六二三号に基き、憲兵調査選定せる左記経営者三名、渡航認可あり度申請す」

台湾軍司令官が、南方総軍から台湾女性を五〇人送ってくれと要請したので送る、許可してくれと陸軍大臣に電報しているのである。後に二〇人追加となるのだが、いやしくも軍司令官と一国の陸相間で「慰安婦」五〇人うんぬんというのが電報の主文とは、世界の戦史上例のないことではないか。寡聞にして私は他に類あるを知らぬ。しかし、そのことよりも、この電報の問題点は「慰安土人五〇名」としていることである。台湾女性を土人とは何事か。当時の台湾住民は日本人ではないか、それを侮蔑語でやりとりしている。植民地下の民族を人間扱いしない、日本為政者の他民族蔑視観のよく出ている文書でもある。

ひどい例の一つをビルマで見よう。

拉孟での慰安所開設では、後方の鎮安街の「慰安婦」が連れて行かれたらしい。

「松井連隊長によると、拉孟の開設で鎮安街は閉鎖したようになっているが、じつはこっそりメーマ（ビルマ女）三、四人にその役をさせていた。憲兵が『お酌をさせるだけだ』と、うまく丸め込んで連れてきたという話だが、三人には夫がいた。その夫も軍が雇ったかたちにして、慰安所の札取りや風呂炊きなどさせた。有夫の女は、夫の視線のなかで兵たちの性慾の吐け口に使われた」（『異域の鬼』）

これはもう、アジア諸民族蔑視の極といえる。

有夫の女を「慰安婦」にして、その夫たちに札取りをさせたり、風呂炊きをやらせて平然たる日本人を評する言葉を私は知らない。

昭和天皇は宣戦布告の際「東亜ノ平和」のためにといい、日本為政者と御用評論家などは、今でも「あの戦争はアジア民族解放の戦い」だったと強弁する。朝鮮を植民地にしたままで「アジア民族解放」は子供もだませない論理だが、一部の作家や戦場参加者は、「慰安婦」は必要悪とか、叙情的でオアシスだったと言う。基底にこの考えがあっての同情論は真の同情ではない。

一時のオアシスにされた相手は一体何なのか。あなた自身の人間性が深く問われているのだ。その点を深く考え直してもらいたい。

4　帰る国、語る相手なく

●「旅のつばくろ」

この連載が始まって間もない頃、知人の英米文学翻訳家稲葉明雄氏と歓談した際、稲葉氏が敗戦直後岡山市内でその筋の玄人の姐さんに教わった歌というのを聞いた。誤解のないよう申し添えると、稲葉氏はこの時ほんの一二、三歳、妙な関係は全くない。「この歌はアッチの人（朝鮮女性）が戦地でよく歌っていた歌」と言ったそうである。

「旅のつばくろ（燕）」である。

（一）茜《あか》い夕陽の他国の空で
　偲ぶ思ひは　みな同じ
　泣いちゃいけない　笑顔を見せて
　強く生きるのいつまでも

（二）昨日みた夢さらりと捨てりゃ
　明日は咲きましよ　胸の薔薇《バラ》
　泣いちゃいけない　笑顔をみせて
　ごらん　み空の一つ星

（三）旅の燕《つばめ》は日暮にゃ帰る
　せめて私も　ふるさとへ
　泣いちゃいけない　笑顔をみせて
　行こよ　帰ろよ母の膝

この歌は日本敗戦前私も聞いた歌で、メロディも知っており、今でも歌うことができる。しかし、何故この歌を「朝鮮人慰安婦」が好んで歌っていたのだろう。私はこの歌をやはり戦前の「裏町人生」、あの「暗い浮世のこの裏町を」で始まる歌と同系統の歌とばかり思っていた。

しかし稲葉氏の言を聞いてこの歌詞をよくよく吟味してみるに、これは全く「朝鮮人慰安婦」をうたった歌であることを確信するに至った。作詞は清水みのる、作曲倉若晴生、唄は小林千代子で昭和一四（一九三九）年九月、ポリドールからレコードが出ている。

一番の「あかい夕陽」というのは、満州を含む中国大陸の枕言葉である。「他国」とあるが、日本および朝鮮内なら当時他国とは言わない。問題は「しのぶ思ひはみな同じ」にある。日本人「慰安婦」なら納得づくで外地に出ているから、わが身の不幸を嘆いても自分ひとりだけで「みな同じ」にはならない。みな同じなのは、集団で連れてこられた朝鮮女性だけである。二番の「ごらんみ空の一つ星」は宵の明星のことであろうか。一つ星はひとりでも淋しがっていない、私達は多勢だからがん張って、という感じになるし、由来、一つ星は願いをかける希望の星でもある。この文句にはこれらの意味がとけあっている。三番の「行こよ帰ろよ母の膝」も特徴のある句である。母の膝、オモニムルプ。日本にこの表現がない訳ではないが、大体において朝鮮で多く使われる。「朝鮮人慰安婦」には一〇代の娘が多い。写真でもあどけなさが残っている。オモニの膝がどんなに恋しかったか。とくに「偲ぶ思いはみな同じ」は決定的である。

●生きて異域の鬼に

日本にも「従軍看護婦の歌」というのがあるが、流石にこの歌は最後は立派に戦意高揚歌になっている。ところがこの「旅のつばくろ」には、戦意高揚は露ほどもない。作詩家清水みのるは、敗戦直後、毎日新聞の投書、コッペパン二つで夜の女に転落したという投書にヒントを得て、「星の流れに」を書いて、大流行させた。あの歌は、転落した女性をかいて「こんな女に誰がした」と政府の責任を痛烈に問うたものであった。

一九三九年九月、清水は陸軍から派遣されて「北支」に従軍しているが、これは、大陸で「朝鮮人慰安婦」と接触し、詳しく彼女らの身の上を聞いて作った歌詞だと思う。前年三月には陸軍省中央で「軍慰安所従業婦等募集ニ関スル件」を決裁し、この頃は朝鮮の乙女たちが大量に大陸に送りこまれていた時期だから、時局にとりわけ敏感な作詞家清水みのるは、早速これを歌にしたものと思う。

それにしてもトシの故か、近頃どうにも涙腺がもろくなって、一人でこの歌を唄うと哀れさと不憫さが迫って、最後の三番をうたい切ることができない。

異域の鬼、という語がある。李陵が蘇武に答えた書中にある言葉である。漢将李陵は十数倍の匈奴軍と戦って敗れ、重傷を負って敵の虜となり、やがて匈奴に降る。後年、蘇武が漢節を持し漢に還る時、李陵も誘われたが、陵はこれを断る。その蘇武に李陵は「生きては別世の人となり、死しては異域の鬼となる」と答えている。

最近沖縄で元「慰安婦」ペ・ポンギさんの死が伝えられた。「朝鮮人慰安婦」一〇余万こそは帰れる国なく、語ろうに語る相手なく、生きながら異域の鬼にさせられた人々であった。母の膝は永遠に遠い。

5　日本に問われる国家としての倫理と品位――今こそ加害の責任を

一九九一年一二月の元「慰安婦」の提訴以来、現実の問題として「従軍慰安婦」問題が戦後補償の問題とからんで大きく浮上してきた。更に九二年一月の吉見義明中大教授の軍資料発見となり、宮沢首相の謝罪となって、この問題は日本の世論を根底からゆり動かすことになったのはご承知の通りである。

一九七三年に、千田夏光氏が『従軍慰安婦』を著わしてこの問題を鋭く問うたのだが、種々の経過を経て今、ようやく世論化したという感がある。

●先駆者の啓発

私が「従軍慰安婦」問題に関心を持ったのは、今は朝鮮民主主義人民共和国に帰っている高成浩氏が、一九五三年四月号の「朝鮮評論」（第七号）に「忘れ去られた歴史は呼びかける」で強制連行とこの問題に触れて以来である。

高氏は強制連行の問題では南方諸島に連行された「第四艦隊所属の朝鮮人設営隊は、約三万人の戦没者を出し」たとしているが、「慰安婦」の問題ではこう書いている。勤労奉仕という名目で未婚の女子や子のない人妻も狩り出されたが、「軍は彼女らを、慰安婦として南方に送るために輸送船に積み込んだ。……彼女達は貞操を失うよりは死を選んだ。……相ついで、怒涛渦巻く太平洋の荒浪に身を躍らせた」。

私は同じ大田区内に住んだ縁もあって、しばしば氏からこの問題を熱っぽく聞かされたものである。

●世界的な注目

今回、本紙に三五回の連載を始めるに際しては、成算がなかった訳ではないが、順調に筆が進んだのは二〇回目位までで、後は悪戦苦闘の連続だった、というのが正直なところである。

現在、私の机の上、そして左右には、「慰安婦」関係軍極秘資料七十数点と、戦記類、軍人の回想録、「慰安婦」関連の書籍二百余冊が積みあげられている。考えてみれば、今年（一九九二年）の私は、「慰安婦」問題に始まって今日に至っているのである。

それにしても、この間における南北朝鮮、日本、アジア各地の動き、オランダにおける裁判資料の発見、国連人権委などの国際機関の取り組みなど「慰安婦」問題の展開は眼を見はらさせるものがあった。

敢えて言うなら、戦後半世紀を経て、真の意味で、今、初めて日本の朝鮮およびアジア諸民族への侵略という問題が、日本国内で、アジア各地で、世界で論議され始めたということである。

確かに日本はサンフランシスコ条約や日韓条約などを経て、賠償および経済協力等の名目で戦後補償は済んだという形は作ってきた。

しかし、この補償なるものには、二つの大きな落し穴があったといえる。一つは、日本と朝鮮南側（韓国）の支配層、これに連なる特権層にはそれなりの潤いを与えはしたが、民衆レベルでの補償にまでは至らなかったという側面である。つまり、日本の侵略で真に苦しんだ民衆には何の補償もなかったのである。

二つ目は、朝鮮北側（朝鮮民主主義人民共和国）とは敵視政策の結果として交渉のテーブルにさえついたことがなかったということである。

今、戦後四十数年にしてやっと始まった日朝政府間で交渉中ではあるが、日本側の本題とは無関係な議題提出で妥結の見通しは未だついていない。

つまり、日本の戦後補償の問題は、この二つの大きな穴を埋める努力を日本が意識的に怠ってきた結果として、思いがけなくも、「従軍慰安婦」問題という真に日本の侵略政策の本質に関わる問題が、俄然、その醜悪な本体を現わしてきたのである。

●侵略体質の根深さ

春秋の筆法に従えば、朝鮮敵視の遅延策が「慰安婦」問題という侵略政策の本質を引き出した、ということである。その意味では自業自得といえよう。

表ぐらいである。

宮沢首相の謝罪があったとしても、この謝罪行為に連なるものとしては日本政府の若干の資料公表ぐらいである。「慰安婦」にさせられた女性たちの苦しみと重さと暗さが、一片の謝罪で本当に晴れると思っているのだろうか。戦中の営為と、五〇年という時の長さにこめられた代価が本当に二千万円（提訴した元慰安婦たちの補償要求金額）位で帳消しになるものだろうか。

これまでの「慰安婦」問題に対する数々の問題提起に歴代の日本政府はどう対処してきたか。冷然と無視し、国会での質問に対してすら、調査するつもりはない、と突っぱねたのではなかったか。日本支配層の侵略体質の根の深さを「慰安婦」問題ほど内外の人々に鮮烈に印象づけたものはない。真の謝罪のはじまりとは、この問題の真相を、自ら明らかにする努力を傾けることであり、当人および当該民族に相応の補償をなすべきはあまりにも当然だ。そしてより大切なことは、二度と再びこのようなことを行わないという決意のもとに、中、高校の教科書に明記し、教室で公的に教えることであろう。戦後育ちの日本人が「慰安婦」問題をはじめとするアジア侵略の事実を知らされていない現実は、日本の国際化にとっても大きなマイナスになっていることは、心ある少なからぬ日本人の指摘するところである。

これまで日本当局は、戦後の国際政治の枠組みという面から、内外に対してアジア侵略の事実を認めず、それで国際的に通ると過信してきたし、国民に誤信させてきたが、「慰安婦」問題は、その戦後の国際政治の枠組みなるものを突き崩し始めている事実を直視して、正しく対処すべきであろう。

「慰安婦」問題で、日本が真に問われているのは、民族としての、国家としての倫理観であり、品位と尊厳である。

終　章　真に問われているものは何か

今（二〇〇七年三月）、従軍慰安婦問題が、世界中で再び騒然たる話題を巻き起こしている。報道によれば、米下院外交委員会アジア太平洋・地球環境小委員会は、元慰安婦三人を招き、公聴会を開いた。その席で韓国の元慰安婦は「私は（日本政府から）謝罪を受けていない。彼らが私の前にひざまずき、心からの謝罪をするまで私は訴え続ける」と言い、オランダ人の元慰安婦は、ジャワ島に住んでいたが、日本軍人に「刀を突きつけられて暴行された」体験を生々しく語ったという（二〇〇七年二月一六日付「朝日」夕刊）。そもそも従軍慰安婦問題は、日本によるアジア侵略戦争時、日本軍隊によって、アジア諸民族の多くの女性たちが性奴隷として日本軍に奉仕させられた事実から発したものである。従軍慰安婦問題の本質は、人類社会の普遍的な人権侵害、人権蹂躙問題であり、日本の紛うことなき、そして恥ずべき国家犯罪である。故に日本は謝罪し、被害者に罪を償わなければならない。それを安倍首相ら政府関係者が否定しようと躍起になっていることから騒ぎが大きくなったのである。

米下院の動きと、元慰安婦の証言に対し、麻生外相は、衆院予算委員会で、「客観的事実に基づいていない。日本政府の対応を踏まえておらず、はなはだ遺憾だ」と発言した。麻生外相の言う「日本政府の対応」は、一九九三年八月に出された所謂「河野談話」を指すものと思われる。「河野談話」は正式には「慰安婦関係調査結果発表に関する内閣官房長官談話」という。当時の内閣官房長官が河野洋平氏だったので、「河野談話」と呼ばれるが、その内容は「慰安所は、当時の軍当局の要請により設営されたものであり、慰安所の設置、管理及び慰安婦の移送については、旧日本軍が直接あるいは間接にこれに関与した。慰安婦の募集については、軍の要請を受けた業者が主としてこれに当ったが、その場合も、甘言、強圧による等、本人たちの意思に反して集められた事例が数多くあり、更に、官憲等が直接これに加担したこともあったことが明らかになった。また、慰安所における生活は、強制的な状況の下での痛ましいものであった」とし、軍、官憲の関与を認めたものである。そして慰安婦の出身地について、「日本を別とすれば、朝鮮半島が大きな比重を占めていたが、当時の朝鮮半島は我が国の統治下にあり、その募集、移送、管理等も、甘言、強圧による等、総じて本人たちの意思に反して行われた」とある。つまり、朝鮮慰安婦が大きな比重を占めていたし、状況は強制的だったと認めたのである。その上で「多数の女性の名誉と尊厳を深く傷つけた問題」として、「従軍慰安婦として数多の苦痛を経験され、心身にわたり癒しがたい傷を負われたすべての方々に対し心からお詫びと反省の気持ちを申し上げる」とつづけたのである。安倍晋三氏は、総理の座についたばかりの昨年（〇六年）一〇月上旬、中国と韓国の両国訪問を控えた時期、衆院予算委員会で、「河野談話」を継承することを表明したはずなのに、三月五日の参院予算委員会で米下院での従軍慰安婦問題で日本政府に謝罪を求める決議案について、「決議があったからといって、われわれが謝罪するつもりはない」と言い放ち、また、「官憲が家に押し入って人さらいのごとく連れて行くという強制性はなかった。狭義の強制性を裏付ける証言はなかった」と言い、更に小川敏夫氏（民主）が「ではどういう強制があったか」と問うと「当時の経済状況や間に入った業者が事実上強制したケースもあっただろう」と述べた。米下院で問題になっている決議案は、従軍慰安婦問題で日本政府に謝罪を求めるものであって、広義の強制や狭義の強制の有無を論議しているのではない。それを安倍首相は、「謝罪するつもりはない」と開き直り、返す刀で狭義の強制性はなかったとし、民間の業者がやったことだ、と従軍慰安婦問題での軍関与と強制性自体を否定したものである。安倍首相の言は表面では「河野談話」継承を言いつつも、現実の行動では、これを否定したものである。

この安倍発言に、当の朝鮮（南北）、中国はもとより、アジア各国、それに、米、英、豪州、オランダなどから一斉に批判の声があがったのは、私が紹介するまでもなく、各紙の報道するところである。「河野談話」が出た経緯について言えば、日本政府が一九九一年一二月から「朝鮮半島出身のいわゆる従軍慰安婦問題に政府が関与していたかどうかについて」関連各省、つまり、警察庁、防衛庁、外務省、文部省、厚生省、労働省の各省庁に資料提供を求め、その資料を調査し、更に米国にも担当官を派遣し、米国の公文書などにも当り、現地調査を行い、各関係者の聞き取りも行っているが、大事なことは多くの元慰安婦へ直接聴き取りもやった上で、軍・政府の関与と強制性を認めて、「河野談話」となったものである（「いわゆる従軍慰安婦問題について」内閣官房内閣外政審議室、平成五（一九九三）年八月四日）。ところが、である。日本には、この「河野談話」を見直すべきだと声高に叫ぶ人々がいる。その筆頭は、自民党の「日本の前途と歴史教育を考える議員の会」（会長は中山成彬元文部科学相。ちなみに中山恭子拉致問題担当首相補佐官は中山氏の夫人である）である。この「議員の会」の人々は、「河野談話」の修正と従軍慰安婦問題の再調査を求めて活発に動き、右派系の御用評論家や、一部マスコミも調子を合せている。安倍首相は、三月八日、中山会長らと会い、「河野談話」の修正と慰安婦問題の再調査要望に対し、「必要あれば調査する。資料も公開する」と明言したという（「赤旗」三月九日付）。この日の「議員の会」の提言に、「民間業者による強制連行はあっても、軍や政府による強制連行という事実はなかった」とある（「朝日」三月九日付）。何と恥知らずな人々であろうか。

政府関係者、自民党議員、御用言論人から「民間業者」云々、と発せられる時は、必ず軍と政府の関与を否定する前提である。日本の行為は天人共に許さざるところ、安倍首相らは黒白顛倒の、そして正邪を逆にした論で、歴史の改竄《かいざん》を図ろうとするものである。この問題についての政府の当初の対応は本文第四章で言及したが、一部再現したい。

一九九〇年六月六日参議院予算委員会で、本岡昭次議員（当時、社会党）が、質問した。これは前月の三〇日、同じ社会党の竹村泰子議員が従軍慰安婦問題を政府で調査されたいとの要望に次ぐものである。この時の政府委員（清水傳雄・労働省局長）の答弁がふるっている。「従軍慰安婦なるものにつきまして、古い人の話等も総合して聞きますと、やはり民間の業者がそうした方々を軍とともに連れて歩いているとか、……、事態について、私どもとして調査して結果を出すことは、率直に申しましてできかねる……」

清水政府委員は「慰安婦なるもの」と表現した。これは、あったかなかったかは知らない、ということであり、知らないが、古い人の話だと民間業者、つまり、女郎屋が娼婦を連れて、お客さんである軍について行きながら商売したらしい、しかし、実態について、日本政府は調査してみる気は全くない、ということである。

さすがに日本政府高官らしい見事な答弁である。知らなかったから調査する、と言うのなら、同じ逃げをうった答弁でもまあ筋は通る。知らなかったけど調査する気はない、と言うのだから、あるのはただ、厚かましさと卑劣さだけである。この政府委員答弁は、見事に安倍首相の言と重なっている。要するに、「民間業者」云々を持ち出す政府関係者、自民党議員、御用評論家たちの本心は、軍と政府の関与を消してしまいたい一心からである。何年か前、板垣正（自民党）参院議員が、元慰安婦だった人に「金をもらったか」とか「強制の証拠はあるのか」と問うてひんしゅくを買ったものだが、板垣議員の本心は、軍の関与を打ち消すためのものであった。

ところが今回は安倍首相自身が先頭に立って、「業者」云々とやっている。これにはアメリカの学者たちも呆れている。ハーバード大学のジェニー・スック教授とニューヨーク大学のノア・フェルドマン教授は米紙ウォール・ストリート・ジャーナルに連名で投稿したが、「両教授は、安倍首相はいまだに『実際の拉致は日本軍ではなく民間業者が行ったとの立場を維持している』とし、『言語道断』だと述べ」たという（「赤旗」三月一五日付）。

安倍首相の慰安婦問題の対応は、今やアメリカ人学者からも愛想をつかされている、とすべきであろう。

顧みれば、一九九〇年六月六日の清水労働省局長の「業者」云々発言は、慰安婦問題に本格的に火を付けた発言であった。翌一九九一年には、元慰安婦の金学順さんが初めて名乗りをあげ、韓国で長年、戦争犠牲者の掘り起し運動をやってきた「太平洋戦争犠牲者遺族会」とともに、九一年一二月六日、日本政府に対して、一人当り二、〇〇〇万円の補償を求める裁判を提訴したのである。

さらにこの問題は国連に飛び火した。国連「差別防止・少数者保護小委員会」は、一九九二年八月二日から四週間にわたり、ジュネーブで開かれたが、従軍慰安婦・強制連行問題が、日本問題での中心であった。そして、国連の担当官が調査報告書の作成のために日本を訪問することになる。国連の従軍慰安婦問題への本格的な調査の開始である。もとより、当事国たる、朝鮮（南北）、日本、中国、台湾、フィリピン、マレーシア、インドネシア、オランダなどでの被害者の証言、調査などの集いが数多く持たれることになる。慰安婦問題の国際化が一挙に拡がったのである。

三〇数年前、作家千田夏光氏が『従軍慰安婦』を著してこの問題を鋭く問い、何人かの研究者がこの問題の掘り起しに力を注ぎ、一九九二年一月には吉見義明中央大教授の画期的な軍資料発見となり、宮沢首相の謝罪表明となる。

しかし、この間における否定者たちの妨害活動も激しいものがあった。一九九二年に入り、従軍慰安婦問題に敵意を示し、この問題を否定しようとする一群の人々が名乗りをあげ、世人の耳目を疑わせた。

上坂冬子「新聞の従軍慰安婦報道っておかしくありません？」（『週刊ポスト』九二年二月二八日号）、佐藤勝巳「『従軍慰安婦』か『北の核』か」（『諸君！』九二年三月号）、西岡力「慰安婦と挺身隊と」（『正論』九二年四月号）、板倉由明「『慰安婦狩り』懺悔者の真贋」（『諸君！』九二年七月号）。これらの諸氏に曽野綾子、田中明氏らである。

このうち、他の諸氏の、また、この度の問題再燃に際しての先例の代表例と思われる上坂冬子氏の所説の要点をみてみたい。

上坂説の第一点は「そもそも当時、韓国人従軍慰安婦などというのは存在しなかった」。韓国という国が存在してなかったから、という。第二点、「日本は国際舞台での了承を得た上で、朝鮮半島を〈併合〉した」。第三点、「日韓基本条約」で、補償は済んだ。第四点、「従軍慰安婦問題を韓国と北朝鮮との共通の反日テーマとして」いる。第五点は、謝罪した宮沢首相に注文をつける。「『筆舌に尽くし難い』苦しみを味わったのは、あの人たちだけじゃ」なく、参戦した国の誰もが同じ苦しみを味わった。そして、慰安婦問題は「当時の日本軍の必要悪」とする。第六点、「日本軍が従軍慰安婦に関与していたことを証する書類が報道されているけど……、消え失せた日本軍の責任を現政府にどう取らせるつもりであろうか」。そして結論的には、①は「要するに従軍慰安婦問題は……、補償金が出るとすればいくらかという問題であろう」。②は、提訴した元慰安婦の人たちに「あとに残るのは天下にプライバシーをさらした哀れな老婆の姿のみである」と言い放つ。

上坂氏は評論家として通っている人というが、先づこの人の同性に対する観方というより、虐げられた人々に対する冷酷さ、辛辣さには一驚した。単なる無知や民族的偏見だけでなく、この人自身の人間性について根本的な疑念を持たざるを得ない。なお、上坂氏の父親は戦前、特高（内務省特別高等警察）の幹部で、大戦末期には長野県の特高課長だった人という（本田靖春『MILLE』一九九二年六月号）。

他の諸氏の所論も大筋において大同小異である。ただ、板倉氏の一文は、はっきりと「アリバイ崩し」である。標的は慰安婦狩りを自著で扱った吉田清治氏である。秦郁彦拓大教授（当時）の済州島実地調査結果などを添えて、吉田氏の慰安婦狩り記述に全的な疑問を呈している。

大体、以上のような論点に基づく反論があるにはあったが、政府による政府各省庁、米公文書館などに対する、記録提供や各関係者に対する聞き取りなども行って、一九九三年八月四日の「河野談話」となる。前述したように、特記すべきは元「慰安婦」に直接聞き取りを行ったことである。それを今度は、公的な記録が見つからなかったとして、「狭義の意味で強制性を裏付ける証言はなかった」と安倍首相は国会で答弁しているのである。当の河野洋平衆院議長は、「河野談話」の見直しを求める論議について「騒ぐのは知的に誠実ではない」と不快感を示し、さらに「（政府が聞き取り調査した）慰安婦だった人たちの話は信頼するに十分足りる。どなたが何を言おうと問題ない」と述べ、裏付ける資料がないことを理由に疑問を呈する声に反論し、「この一点を取り上げて、従軍慰安婦自体がなかったと言わんばかりの議論は変だ」と語ったという（「赤旗」〇七年三月三一日付）。

また、当時、河野官房長官を支えた官房副長官の石原信雄氏は「政府の調査では、政府や軍が直接女性たちを強制的に集めたと裏付ける直接的な資料はなかった。しかし、証言を直接聞くと、明らかに意に反して慰安婦になった人たちがいると認めざるを得なかった」（「朝日」〇七年三月二五日付）と語っている。政府や軍の直接的資料はなかったが、元慰安婦の直接証言に依れば、「明らかに意に反して慰安婦」にさせられたと言うのである。石原発言の重点は、元慰安婦の人々の直接証言にあり、強制の狭義、広義を問題にしているのでない。

今、公表されていないが、この時の証言は当時の宮沢首相や河野官房長官、そして石原官房副長官、内閣外政審議室の担当者の人々に強いインパクトを与えたことであろうことは充分に推察できる。何故なら以上、名を列記した人々も本心は、軍と政府の関与を認めたくなかったと思われるからである。考えてもみるべきだ。第一、政権を担う人々が、易々と国の恥となることを発表する筈がないではないか。故に「河野談話」は、一応謝罪という体裁はとっても、この問題を閣議決定し、国会を通過させるなり、元慰安婦たちに補償するということがない。つまり、折角の「河野談話」だが、日本政府が公式に謝罪したことにはならないのである。

また、後に村山内閣の時に、「女性のためのアジア平和基金」を設け、いわば半官半民の形で元慰安婦の人々に対し、二〇〇万円と「元『慰安婦』の方々に対する内閣総理大臣の手紙」を手渡しているが、これは、日本国民からも基金を募り、国民も「謝罪」に参加させた形をとってはいるが、これも公式の謝罪ではない。

報道によれば、元慰安婦の中には、「基金」から金を受取る際、総理大臣のお詫びの手紙の内容を聞いて、涙を流す女性もいたという。この手紙を渡した総理大臣は、橋本龍太郎、小渕恵三、森喜朗、小泉純一郎の四氏である。その内容は、「いわゆる従軍慰安婦問題は、当時の軍の関与の下に、多数の女性の名誉と尊厳を深く傷つけた問題でございました。私は、日本国の内閣総理大臣として改めて、……心からのおわびと反省の気持ちを申し上げます。……わが国としては、道義的な責任を痛感しつつ、おわびと反省の気持ちを踏まえ、過去の歴史を直視し、正しくこれを後世に伝える」ことを約束したものである。つまり、四代の総理大臣たちは、①「軍の関与」を認めて謝罪し、②この問題に「道義的責任を痛感し」、③「過去の歴史を直視し、正しくこれを後世に伝える」ことを約束したものである。なるほど、この総理大臣のお詫びの手紙を読み聞かされて、涙を流す慰安婦の心情が判るような気がする。

しかし、この手紙には大きな落し穴が隠されている。「道義的責任」については言及しても「法的責任」については全く触れていないということである。これだけでも公式の謝罪とは認められないのである。それに法的責任を認めれば、必ず、日本政府による補償という問題が提起される。

よって、法的責任に言及しなかったのである。

さて、今回の米下院の従軍慰安婦決議案提出以後の動きについての話題に戻りたい。〇七年五月号の『WILL』（花田紀凱責任編集）誌は、「『従軍慰安婦』に大反撃」という「総力大特集」を組んでいる。表紙には、「河野談話を破り棄てよ」櫻井よし子、「マイク・ホンダの正体」古森義久、「捏造で国を売る朝日新聞」西岡力、「米下院決議は国際法違反」渡部昇一、「万死に値する河野談話」稲田朋美ほか、「河野洋平を証人喚問せよ」堤尭・久保紘之、「山崎拓は北朝鮮の手先か」重村智計、というオドロオドロしい文字が躍っている。この「大特集」は、「河野洋平、腹を切れ」とか「河野洋平は国賊」などという中見出しがあって大変に煽動的なものである。それぞれの論の中身を逐一紹介するつもりはないが、各論者の主張は、米下院での決議案をめぐる安倍首相発言の支持と人身攻撃、我田引水的な主張展開と、一九九二年頃行われていた、例えば上坂冬子氏の所論をつき合せたような論点提示である。安倍首相は、このたびの問題発生以来、軍の関与と強制性を否定してきたが、頼みのアメリカなどから逆な反応が出てきたので、「必ずしも発言が正しく冷静に伝わらない。事実と違う形で伝わっていく現状で非生産的な議論を拡散させるのはいかがなものか」（参院予算委員会、三月九日）と言って、論議の沈静化を図ろうとした。つまり自己主張はせずに、「河野談話」の通りとだんまりを決めこむつもりだった。しかし、ここで「下村発言」が飛び出してきたのである。

下村博文内閣官房副長官は三月二五日の民放ラジオ番組と、三月二六日の記者会見で、慰安婦問題で火に油を注ぐような発言をしたのである。その発言の要旨は、諸紙によると次のようになる。

「国内的には狭義と広義（の違い）は重い意味がある。従軍慰安婦というのはなかった。ただ、慰安婦がいたことは事実だ。どこの戦争、どこの国でも過去にはあった。日本も昔、貧しい時代に女郎屋に娘を親が売ったということはあったと思う。娘からすれば、それは強制だ。だが、日本軍が関与していたわけではない。公的な資料の中には、軍や官憲による組織的な強制連行を直接示すような記述は見いだせなかった。発見されなかった以上、軍や官憲による強制連行はなかったというのが個人的な見解だ」

また、アメリカで人権問題だと言われることについて「一人ひとりの米国の政治家にあって、決議されないように努力を水面下で外務省を通じてやっている」とも語っている。

下村氏は外ならぬ、安倍内閣の中枢、内閣官房副長官である。安倍首相の側近中の側近で、いわば安倍首相の分身的存在である。その人物が、慰安婦問題で騒然たる渦中でのこの発言である。しかも、「非生産的な議論はしない」とし、「『河野談話』の通りだ」、「お詫びする」をくり返している安倍首相の足下での発言である。誰が見ても安倍首相の現在の本音を代弁していると受け取るはずだ。下村氏は、アメリカの一人ひとりの政治家に水面下で工作している、と発言したが、これは、「大物ロビイストに月六万ドル（約六九〇万円）の大金を支払っている」（「赤旗」〇六年一二月七日付）とのワシントンからの報道と符合する。また、下村氏は、慰安婦には日本人慰安婦もいたという。この問題は上坂冬子氏をはじめ、右派系の御用評論家たちもこぞって口を揃えるが、日本人慰安婦はすべてプロであった。しかし、朝鮮人慰安婦はプロはごく一部で、大多数は無垢《むく》の処女たちであった。これは、上海派遣軍の兵站病院に勤務していた元軍医麻生徹男氏の証言などで明らかである。また、日本軍により慰安婦にされた人の数を民族別にみれば朝鮮女性が圧倒的に多いことは今や世界周知のことである。その数、一〇万人から二〇万人と見られる。その悲惨さは筆にするに忍びない。

慰安婦問題に関する軍と政府の関与については本文第一章で詳しく触れた陸軍省文書をみてもらいたい。この「軍慰安所従業婦等募集ニ関スル件」には、兵務局長今村均と陸軍次官梅津美治郎の印と「委」印には陸軍大臣（杉山元）が名を並べているではないか。杉山はこの時第一次近衛内閣の一員である。慰安婦問題に軍と政府の関与を示したこれ程立派な証拠はない。

日本は真剣に歴史と向き合わなければならない。でなければアジアの人々だけでなく、世界中から大きなシッペ返しを食らい、国際的孤立化を深めるばかりである。

慰安婦問題で真に問われているのは何か。〇七年三月一〇日付の「朝日」は社説で「国家の品格が問われる」と題してこの問題を論じた。一五年前私は「朝鮮時報」紙に慰安婦問題を三五回にわたって連載し、これが本書の基をなしたが、その時の「連載を終えて」の結語部分をここに再録したい。

「『慰安婦』問題で、日本が真に問われているのは、民族としての、国家としての倫理観であり、品位と尊厳である」

【註】

1 **近衛文麿**（一八九一～一九四五年）第五代貴族院議長。一九三七～四一年のほぼ全期間、つまり日中戦争から太平洋戦争に至る期間の内閣総理大臣。近衛内閣のもとで南京大虐殺がおこり、さらには国家総動員体制が築かれた。日本敗戦後の一九四五年一二月、GHQ（General Headquarters）の略、総司令部の意）からの逮捕命令を聞き、自宅で青酸カリを飲んで自殺した。

2 **上海事変** 上海事変には第一次と第二次があり、この項では第一次上海事件（一九三二年一月～五月五日）をいう。満州事変、偽満州国樹立という日本の侵略は中国人民の怒りを呼び、特に上海の労働者は激しい抗日運動を展開した。日本軍はこの抗日運動を弾圧し、併せて上海占領を企図して、謀略で買収した中国人に日本人僧侶を襲わせ、これを口実に軍事行動を起こし、十九路軍と衝突した事件。中国は国際連盟にこの事件を提訴し、英、米、仏の三国も調停に立ち、五月五日、上海停戦協定を結んだ。

3 **尹奉吉**《ユンボムギル》（一九〇八～三二年）朝鮮の独立運動家。忠清南道礼山郡の生まれ。一九二六年、中国上海に行き、工場労働者などを経て、一九三一年、金九の韓人愛国団に加入。一九三二年四月二九日、天長節（天皇誕生日）に合わせて、日本の（第一次）上海事変勝利祝賀会が上海の虹口《ホンキュ》公園で開かれることを知り、爆弾を隠し持って式場に行き、壇上で爆発させ日本側要人二人を死亡させ、他の要人に重傷を負わせた。直後、逮捕され、五月二九日大阪に送られ、六月二一日軍法会議で死刑宣告、一二月一九日大阪衛戍刑務所で死刑を執行された。享年二四歳

4 **東条英機**（一八八四～一九四八）関東軍の憲兵司令官・同参謀長などをへて、第二次近衛内閣の陸軍大臣となり、アメリカとの開戦を主張。一九四一年に内閣総理大臣となり、太平洋戦争を主導した。だが、戦局の悪化によって辞職（一九四四年七月）。敗戦後は、極東国際軍事裁判にかけられ、A級戦争犯罪人

として絞首刑となった。

5 戦陣訓 一九四一年、東条英機陸軍大臣の名で、戦時下の兵隊の「心得」として全軍兵士に下された。「生きて虜囚（りょしゅう）の辱（はずかしめ）を受けず、死して罪禍（ざいか）の汚名を残すこと勿（なか）れ」は有名で、全将兵に死を強制する役割を果した。だが、戦陣訓を下した本人は捕虜となった挙げ句に自殺をはかり未遂に終わった。

6 蘆溝橋事件 日中戦争の発端となった事件。一九三七年七月七日、北京郊外の盧溝橋付近で、日本軍が中国側に通告なしの夜間演習を実施していた際に発生した日中両軍の衝突事件。これをきっかけにして近衛内閣は「南京政府の反省を促す為今や断乎たる措置をとる」と宣言、約一〇万の大部隊の華北派兵を決定。戦火は上海へと拡大する。

7 一九一〇年……朝鮮完全占領 一九〇四年の日露開戦で、日本は大軍を朝鮮に上陸させ、軍事力で日韓議定書を韓国におしつけ、軍略上必要な土地の収用を承認させ、その後、韓国政府内に日本人顧問をいれ、一九〇五年一一月、乙巳保護条約を強制し韓国統監府を開設して外交権は日本政府にあるとした。また、一九〇七年、ハーグ密使事件を契機に高宗を退任させ、いわゆる七条約（新協約）を結ばせて、韓国軍隊の解散を認めさせた。そして徐々に支配を強化していき、一九一〇年、ついに韓国の警察権を奪ったうえで「韓国併合条約」を強制調印させた。統治機関として朝鮮総督府がおかれ、総督には陸海軍大将が就任し、憲兵が警察業務を指揮した。この間、韓国では、前述したように〇七年に国王高宗が退任させられ、七条約で内政権、軍政権を奪われることに怒った民衆による反日武装蜂起は全土にひろがった。〇九年、初代韓国統監伊藤博文が安重根義士に射殺され、また七条約を締結した韓国首相李完用襲撃事件がおこった。

8 ノモンハン事件 一九三九年五～九月、中国東北部の北西辺、モンゴルとの国境に近いハルハ河畔の地ノモンハンで、日ソ両軍が国境紛争で交戦し、その結果、関東軍＝日本軍は一個師団壊滅の大敗北を喫した。

9 **「軍人に賜りたる勅諭」（軍人勅諭）** 一八八二年一月、明治天皇から陸海軍人に与えられた勅諭。以降、日本軍人の精神教育の基本となった。軍隊に対する統制を議会から分離し、天皇が自ら率いる軍隊としての性格を与えるために勅諭（天皇の命令）の形式をもって発布された。軍人は暗誦できることが求められ、とくに陸軍では全文の暗誦が強制された。

10 **日清戦争** 一八九四〜九五年、日本と清国のあいだで行われた戦争。朝鮮の甲午農民戦争（東学党の乱）に清国が出兵したのに対して日本が出兵、一八九四年七月の豊島沖海戦を経て、平壌・黄海・大連などで日本が勝利した。その結果の講和条約＝下関条約では、日本は遼東半島、台湾、澎湖諸島を奪い取る一方、朝鮮に対する侵略・支配を強化した。日本は約二億円の戦費をつかったが、これは当時の国家予算の二倍以上だった。

11 **日露戦争** 一九〇四〜〇五年、日本が帝政ロシアと満州（中国東北部）と朝鮮の支配を巡って争った帝国主義戦争。〇四年八月以降の旅順攻囲、〇五年五月のいわゆる日本海海戦などでの日本の勝利を経て、ポーツマス講和条約が結ばれた。これにより日本は、関東州の租借権や南樺太を獲得する一方で、朝鮮半島に対する植民地支配を強めた。

12 **シベリア出兵** ロシア革命後の一九一八年、日・米・英・仏・伊などの列強が、第一次世界大戦から離脱したソ連に対し、「チェコ兵捕囚救出」という名目で、じつはこの革命に干渉するために出兵した事件。日本軍は他国軍隊が撤退したあとも領土的野心をもって単独で駐留したが、九億円の戦費を費やしたにもかかわらず、結局は失敗に終わった。

13 **カイロ宣言** 一九四三年一一月、米・英・中の首脳、ルーズヴェルト大統領、チャーチル首相、蔣介石主席が会談し発表された、連合国の対日政策。日本に無条件降伏を要求し、降伏したあとの日本領土について、満洲、台湾、澎湖諸島を中華民国に返還し、奴隷状態に置かれている朝鮮の独立を承認し、第一次世界大戦後に日本が獲得した海外領土の剥奪することを決めた。これはのちのポツダム宣言（一九四五年七月二六日）の基礎となった。

14 **三・一独立運動** 一九一九年三月一日を期に「朝鮮独立万歳」を叫ぶソウル、パゴダ公園（現タプコル公園）の数千名の群衆の声は、二日後、高宗の葬儀に全国から集まった五〇万の大群を「独立万歳」に巻き込み、あっという間に全朝鮮に波及し、全国各地に「日本軍と日本人は帰れ」「朝鮮独立万歳」の声とデモが渦巻いた。日本軍隊と警察は、武器も持たず徒手で立ち上がった民衆に対し、容赦なく銃弾の雨を浴びせ、押さえた数字でも被殺者七五〇〇人以上が通説である。運動参加者二〇〇万人以上、被逮捕者数約四万七千人、被傷者一万六千人、といわれている。三・一運動とは、全民族を挙げて闘われた反日独立闘争である。

15 **国家総動員法** 一九三八年、近衛内閣のもとで成立した、天皇の命令があれば議会にはかることなく実施できるとする前例のない委任立法。これによって、経済部門から行政機能、人びとの意識と生活のすべてを国家が統制し、これらを戦争遂行のためにもっとも効率的に活用する措置がとられた。その結果、国民徴用令をはじめ価格等統制令、生活必需物資統制令、国民職業能力申告令、新聞紙等掲載制限令などのさまざまな統制令がつくられ、社会は軍事一色になっていった。

16 **革新官僚** 一九三七年当時、内閣企画院を拠点として戦時経済統制の実現を図った官僚層たちのこと。三八年には、国家総動員法などの総動員計画の作成に当たった。当時の星野直樹企画院総裁、岸信介商工次官ら「満州国」で経済統制の「実績」を挙げていた高級テクノクラート。朝鮮人、中国人らの徴用計画を立て、天皇の命令でそれを実現させた。

17 **朴正熙政権**（一九一七〜七九）一九六三から七九年までの韓国大統領。「満州国」の軍官学校、日本の陸軍士官学校卒。日本敗戦時には「満州国」軍の将校だった。一九六一年、軍事クーデターによって権力を握り、六三年の不正選挙で第五代大統領に就任した。六五年に日韓条約をむすんだ韓国側の当事者。アメリカに協力してベトナム戦争に韓国軍部隊を派遣した。一九七三年の金大中拉致事件を契機として、高揚した反朴・民主化運動によってその腐敗した体制が攻撃された。七九年、その強権的体質に不満をもった側近によって暗殺された。

18 **日韓条約**　一九六一年のクーデタで成立した朴正熙政権のもとで、一九六五年六月、東京で正式調印された、日韓両国間の国交開設のためその基本的条項を定め締結された条約。この条約で、大韓民国を朝鮮における唯一の合法政府と認めた結果、日本は南北の分断の固定化に積極的に関与することになった。また、この条約により朴正熙政権は、植民地支配にかかわる個人の未払い賃金を含む一切の対日請求権を放棄したが、朝鮮民主主義人民共和国との一切の対日賠償請求権は未解決のままとなっている。

19 **皇民化政策**　植民地下の朝鮮人を「皇国臣民」化しようとした一連の政策。とくに三七年以降は、朝鮮の資源や人員を戦争に動員するため、「内鮮一体」の名のもとに、宗教面では、各村（面）に神社をたて、神社参拝を強要し、教育面では、学校での宮城遥拝と日の丸掲揚を強要した。さらに朝鮮語の使用を禁止し、三九年からは、朝鮮固有の姓名を日本式の氏名にかえさせる「創氏改名」を実行した。また日本軍兵士の弾よけに使うため、朝鮮人青年の動員をはかり、四四年からは徴兵制を実施した。

20 **東京裁判**　ポツダム宣言に基づき、連合国が敗戦国である日本の政治・軍事指導者の戦争責任をさばいた裁判。正式名称は極東国際軍事裁判。問われた戦争犯罪は、従来の国際法による通例の戦争犯罪（B級）だけでなく、侵略戦争の計画・開始・遂行など平和に対する罪（A級）と、非人道的行為など人道に対する罪（C級）で、A級の主要戦犯が東京で裁かれ、その他のB・C級戦犯は連合国各国の法廷でさばかれた。裁判は、一九四六年五月にはじまり、四一九人の証人が証言し、四八年一一月に判決の言い渡し。絞首刑は、東条英機をはじめ七名。天皇の戦争責任は問われなかった。

21 関東大震災時の虐殺　一九二三（大正一二）年九月一日、関東一円を襲った大震災で、死者・行方不明者は一〇万から一四万人にのぼり、合計、五七万余戸に達する家屋の全焼・全壊などの被害を受けた。政府は戒厳令を敷き、軍隊を出動させて震災直後の人心不安に備えたが、朝鮮人が暴動を起こしたとの「流言」が広まり、軍隊が朝鮮人虐殺に先鞭をつけ、これを見た民衆が大挙して朝鮮人虐殺にはしり、六四〇〇余人の朝鮮人を殺害した。また、朝鮮人暴動は社会主義者の示唆によるものとの「流言」も流れ、亀戸事件、甘粕事件などの社会主義者、先進的労働者などへの虐殺事件も起こった。尚、諸研究によればば、「流言」の発生源および拡大源は内務大臣、警視総監などの治安当局者と目される。

あとがき

米下院での慰安婦決議案問題で騒然となった頃、同時代社の川上徹代表が、一五年前に私が『朝鮮時報』紙に連載した「告発・従軍慰安婦」の存在を知り、一読され「すぐ本にして出しましょう」とのことだった。

例えが適切かどうか自信はないが、私としては、思いがけないことで「死んだ児が生き返った」ような思いであった。

そこで更めて旧稿を読み返してみた。一五年の間にはこの問題については、日本政府による各省庁所蔵の資料公開があり、「河野談話」があり、「女性のためのアジア平和基金」の設立があったりし、国際的にも国連による調査もあり、多くの関連集会があり、大量の資料公開もあったが、基本的には、慰安婦問題は解決していないのが現実である。

解決していない最大の要因は、安倍首相の再三の軍関与否定の弁であり、政府高官や自民党幹部の否定的見解の発言であり、安倍首相に近い自民党有志議員の「河野談話」見直し論である。

更には安倍首相の否定発言を熱烈に支持する右派系御用評論家・研究者の「従軍慰安婦はなかった」論の大合唱である。これらの要素と歴代内閣の公的謝罪をしない姿勢とが合体して慰安婦問題の根本的解決を阻んでいるのである。つまり、事態は、種々なことがあったとしても、一五年前と本質的には変っていない、ということである。ならば、一五年前に書いた連載物であっても、単行本にして世に問う意味は充分にある。

私は有難く川上代表の提言を受入れることにした。そこで本書を出すにしても、ミスプリを直し、文の加除も大幅な加筆はせず必要最小限にとどめ、できるだけ、原形を保つように心がけた。その上でこの問題の一五年間のさまざまな動きを「終章」で要約的にまとめることにしたのである。

それにしても、この問題の否定者、妨害者たちは、口を開けば、「公文書による記録がない」とか、元慰安婦の人たちの「証言だけでは証拠能力がない」などと云うが、この人たちははじめから、元慰安婦の方々の証言を聞こうとする姿勢が見られないし、聞く耳持たぬという特徴がある。

金学順さんが最初に名乗りをあげたのは一九九一年で日本敗戦後、すでに四六年の歳月が流れている。何故、こんなにも長かったのか。自己の生涯の秘密として、隠し通すつもりだったから、である。それ程までに心身に受けた傷は深いのである。

私もそのことを痛感した体験がある。

一九七〇年代の前半期、朝鮮人強制連行日朝合同調査団が結成され、沖縄、北海道、九州、東北の各地を回ったが、七〇年代の後半期、この問題の記録映画を撮ることになり、私は朝鮮総聯映画製作所のスタッフと北海道を皮切りに西の方に約一年かけてドキュメンタリー映画「受難の記録」の製作に関わったことがある。その中でのことである。九州の或る県の総聯分会長の夫人が、元慰安婦であることを知った。吾々は証言を記録に収めようと、あらゆる説得を試みた。証言者が誰か判らないようにする、顔は撮らない、守秘義務は守る、等々である。後には、夫である人まで証言に応ずるように口添えしたが、遂に証言を得ることは出来なかった。宿への到着予定時刻は午後六時頃だったが、一〇時過ぎになったことを今も鮮明に覚えている。

元慰安婦の方々から証言を得るということは、ことほど左様に至難なことなのである。その重くも重い口から出た証言を「証拠能力がない」とは、よく言えたものである。

今、一つ、「公文書による記録がない」から問題の件はなかった、または疑わしい、として否定する人々がいる。

日本敗戦時、上部からの指示により、記録を焼却した、処分したとの証言をする人は多い。近い例は、「朝日」〇七年四月五日付の「声」欄の「慰安婦問題の姑息さ改めよ」の三重県橋本理市氏である。「終戦直後、証拠隠滅作業が、機密資料はすべて焼却せよとの上官の命令で行われたことは、数々の証言から明らかになっている」とある。

否定者たちは、「焼却しろ」「処分しろ」という公文書も発見されていないから、処分命令が上部から出たという証拠にならない、として「証拠を出せ」と云うだろう。

それならば、ある。本書第八章に出る、「第四十八師団戦史資料竝終戦状況」である。師団長中将山田国太郎が復員庁総裁に送った報告に「第四十八師団戦史資料は停戦時、其の大部を上司の指令に基き処分し、又残部も豪州軍に提出せしを以って、正確なる資料殆ど皆無なり」(片カナを平仮名に改む）とある。

管見によれば、上司の指令にもとづき、資料を処分した、という公文書は、今のところこれ一つだけだと思われる。他にもあればご教示願いたい。

つい最近の三月下旬、下村博文内閣官房副長官は「公的な資料」が「発見されなかった以上、軍や官憲による強制連行はなかった」と言い放った。

公的な資料を処分しておいて、公的資料がないから、その問題は無かったとする人々の厚顔無恥には恐れ入る。

挙証責任が日本政府にあることは誰が見ても明らかである。そのような論拠で、当事者、およびアジアの諸民族、そして世界中の人々に自説を納得させ得ると本当に思っているのであろうか。本当に愚かしくも、狡猾な人々ではある。

私は本書において、従軍慰安婦問題は、日本軍部の独断的な必要性によって日本政府がこれを国家政策として強行したことを、出来得る限り、余分（本当は余分ではないが）なものを省いて、政策的に理解できるように意を注いだつもりである。

重ねて言う。日本軍による軍慰安婦問題の本質は、人類社会における普遍的価値を損なう人権侵害、人権蹂躙問題であり、日本の恥ずべき国家犯罪であり、ひいては戦争犯罪と関連する国際法違反問題である。

従って、この問題に対するアプローチの仕方によっては、じつに多様な角度から切り込むことが可能であるし、拡げることもできる。

例えば、女性史の立場から、国際法の立場から、侵略史や公娼・私娼制度史研究の立場から、などである。

最近でも旧ユーゴ領内の民族紛争時に起こった集団レイプ事件などでは、この問題の根源にあるものが再現されている。

その意味で慰安婦問題は被害者が生きているという一事だけでも、只今現在の未解決問題であるだけでなく、優れて今日的問題として提起されているのである。

ゆえに前述した諸観点からの究明作業を深めることは大事なことである。

しかしながら、私が本書で重点を置いたのは、あくまでも自己の出身民族たる朝鮮の受難という観点による、朝鮮人という立場である。

批判する人は、それでは視野が狭い、とか、朝鮮ナショナリズムに傾きすぎる、というかもしれない。だが、考えてもらいたい。自民党内の右翼的政治家や右派系評論家たちが、口を揃えて見直しを求める「河野談話」すらも慰安婦数の問題では「戦地に移送された慰安婦の出身地については、日本を別とすれば、朝鮮半島が大きな比重を占めていた」となっている。これでは日本人慰安婦がより多かった、ととれる文面である。これは明らかに誤りである。軍関係資料、諸戦記類、関係者の回想記によれば、日本人慰安婦を含めた総体でも、断然、朝鮮人慰安婦の方が多いのが明白なのである。

私が慰安婦問題で種々の要素を出来うる限り省いて、朝鮮人の立場で筋を通したかったことを了承していただければ幸いである。

今日まで、ことに一九九〇年代前半期ころまでに、資料集や多くの優れた研究書が発表されて、慰安婦問題への理解を豊富にさせているのに本書を刊行することは、屋上さらに屋を架す、の感あるが、慰安婦問題の再燃は、現下、焦眉の問題として、日本政府・安倍政権の「軍・政府不関与」説を打破することにある。

本書が、現在の慰安婦問題理解の一助になれば望外の喜びである。

最後に、本書出版に力を尽されている同時代社の川上徹代表に深甚の謝意を表する次第です。また、私の拙い文字を清書化し、かつ、種々の助言をしてくれた朝鮮大学校の許哲君に謝辞を申し述べたい。

参考文献（単行本及び主要論文）

一九四一年
椎名悦三郎『戦時経済と物資調整』産業経済学会
一九五〇年
辻　政信『十五対一』酣燈社
一九五一年
加瀬俊一『ミズリー号への道程』文藝春秋新社
一九五二年
黒田秀俊『軍政』学風書院
一九五五年
重村　實「特要員という名の部隊」（『特集・文藝春秋』）
一九五六年
久保田知績『上海憲兵隊』東京ライフ社
一九五七年
須崎竜平『ならず者部隊』東京ライフ社
一九五八年
中国帰還者連絡会・新読書社編『侵略』新読書社
一九六三年
『秘録・大東亜戦史』ビルマ篇　富士書苑
『秘録・大東亜戦史』マレー・太平洋島嶼篇　富士書苑
一九六五年
島田俊彦『関東軍』中公新書
近代戦史研究会編『女の戦記・全15巻』（1）「女の兵器・ある朝鮮人慰安婦の手記」浪速書房
一九六六年
高木俊朗『抗命』文藝春秋社
一九六七年
小俣行男『戦場と記者』冬樹社
山田秀三郎『鎌田元中将秘録・罪悪と栄光』鎌田詮一先生秘録・刊行協賛会
一九六八年
高木俊朗『インパール』文藝春秋社
医療文芸集団編『白の墓碑銘』東邦出版社
加藤美希雄『秘められた女の戦記』清風書房
一九六九年
伊藤桂一『兵隊たちの陸軍史』番町書房
高木俊朗『憤死』文藝春秋社
一九七二年
ティン・バーリィ『外国人の見た日本軍の暴行』

龍渓書舎
永田鉄山刊行会編『秘録永田鉄山』芙蓉書房
本田勝一『中国の旅』朝日新聞社
相良俊輔『菊と龍』光人社
一九七三年
鈴木　明『「南京大虐殺」のまぼろし』文藝春秋社
伊藤桂一『悲しき戦記』講談社文庫
千田夏光『従軍慰安婦』双葉社
一九七四年
キーセン観光に反対する女たちの会『性侵略を告発する』
鈴木卓四郎『憲兵下士官』新人物往来社
熊沢京次郎『天皇の軍隊』現代評論社
一九七五年
毎日グラフ別冊『一億人の昭和50年史』毎日新聞社
万田村　純『さらばセブ島の落日』旺国社
洞　富雄『南京大虐殺』現代史出版会
広田和子『証言記録・従軍慰安婦・看護婦』新人物往来社
一九七六年
千田夏光『従軍慰安婦悲史』エルム
金　一勉『天皇の軍隊と朝鮮人慰安婦』三一書房
一九七七年
吉田清治『朝鮮人慰安婦と日本人』新人物往来社
上法快男編『最後の参謀総長・梅津美治郎』芙蓉書房
伊藤桂一『ひまわりの勲章』光人社
金　一勉『軍隊慰安婦』現代史出版会
一九七八年
千田夏光『あの戦争は終ったか』汐文社
小沢昭一『雑談・にっぽん色里誌』講談社
森金千秋『悪兵・日中戦争最前線』叢文社
桑島節郎『華北戦記』図書出版社
山田清吉『武漢兵站・支那派遣軍慰安係長の手記』図書出版社
一九七九年
豊田　穣『空港へ・太平洋海空戦記』光人社
吉野孝公『騰越玉砕記』発行者・吉野孝公
中島正舒『ビルマ鎮魂歌』丸ノ内出版
一九八〇年

金　一勉『日本女性哀史』現代史出版会
小林孝裕『続・海軍よもやま物語』光人社
井上源吉『戦地憲兵』図書出版社
一九八一年
品野　実『異域の鬼―拉孟全滅への道』谷沢書房
高橋大治郎『戦中編・私の戦記』（非売品）
高橋　孟『海軍めしたき総決算』新潮社
一九八二年
富沢　繁『兵隊よもやま物語』光人社
御園生一哉『軍医たちの戦場』図書出版社
棟田　博『陸軍いちぜんめし物語』光人社
洞　富雄『決定版・南京大虐殺』現代史出版会
一九八三年
川北恵造『烈風』叢文社
長沢健一『漢口慰安所』図書出版社
御園生一哉『比島軍医戦記』図書出版社
臼杵敬子『現代の慰安婦たち』現代史出版会
一九八四年
富沢　繁『陸軍輸送船よもやま物語』光人社
曽根一夫『私記南京虐殺』彩流社
一九八五年
伊藤桂一『遙かな戦場』光人社
越智春海『ビルマ最前線』図書出版社
斎藤邦雄『陸軍歩兵よもやま物語』光人社
江先　光『慰安婦秀雲』叢文社
恵　暉雅『大陸終戦秘話』博美館出版
朝日新聞山形支局『聞き書き・ある憲兵の記録』朝日新聞社
石田新作『悪魔の日本軍医』山手書房
伊藤桂一『最後の戦闘機』光人社
一九八六年
伊藤桂一『戦旅の手帳』光人社
伊藤桂一『戦旅断想・草の海』光人社
一九八七年
川田文子『赤瓦の家』筑摩書房
有馬頼義『兵隊やくざ・戦中編』光人社文庫
朝日新聞テーマ談話室編『戦争・上巻』朝日ソノラマ
下里正樹『隠された聯隊史』青木書店
一九八八年
曽根一夫『南京虐殺と戦争』泰流社
富沢　繁『女たちの戦場よもやま物語』光人社

浜田芳久『死の靖国街道』現代企画室
伊藤桂一『黄塵の中』光人社
伊藤桂一『夕陽と兵隊』光人社
洞富雄・藤原彰・本田勝一編『南京大虐殺の現場へ』朝日新聞社
藤原　彰『新版・南京大虐殺』岩波ブックレット
一九九〇年
高崎隆治編・解説『軍医官の戦場　報告意見集』不二出版
『《韓日合併》80年、祖国解放45年・強制連行、蔑視と虐待の現場』朝鮮問題研究所
佐々木敏和『戦火を越えて』耕土社
『出てきた女子挺身隊の実相』朝鮮問題研究所
一九九一年
曽根一夫『元兵士が語る・戦史にない戦争の話』恒友出版
山田盟子『慰安婦たちの太平洋戦争』光人社
別冊歴史読本（特別増刊）『日本帝国存亡の決戦』新人物往来社
朝日新聞社編『女たちの太平洋戦争②　敵は日本人だった』朝日新聞社
社会党女性局編集『日本の戦後責任と従軍慰安婦問題』社会党ブックレット
鈴木裕子『朝鮮人従軍慰安婦』岩波ブックレット
一九九二年
山田盟子『続・慰安婦たちの太平洋戦争』光人社
「ダイヤル110番」『証言・朝鮮人従軍慰安婦』日朝協会埼玉県連合会
尹　静慕『母・従軍慰安婦』神戸学生・青年センター出版部
朝日新聞社編『女たちの太平洋戦争②暗い青春の日々』朝日新聞社
西野瑠美子『元兵士たちの証言・従軍慰安婦』明石書店
千田夏光『従軍慰安婦とは何か』汐文社
別冊歴史読本『沖縄・日本軍最後の決戦』新人物往来社
山田盟子『沖縄篇・慰安婦たちの太平洋戦争』光人社
従軍慰安婦一一〇番編集委員会編『従軍慰安婦一一〇番』明石書店
千田夏光『従軍慰安婦と天皇』かもがわブック

レット
朝鮮人従軍慰安婦問題を考える会編『朝鮮人従軍慰安婦問題　資料集㊤』
高木健一『従軍慰安婦と戦後補償』三一新書
琴　秉洞編・解説『戦場日誌にみる従軍慰安婦極秘資料集』緑蔭書房
挺身隊問題実務対策班編『日帝下　軍隊慰安婦実態調査・中間報告書』（非売品）
張　貞任／金　知栄訳『歴史詩集従軍慰安婦・あなた　朝鮮の十字架よ』影書房
尹　貞玉他『朝鮮人女性がみた「慰安婦問題」』三一新書
伊藤孝司編著『証言・従軍慰安婦、女子勤労挺身隊』風媒社
華　公平『従軍慰安婦〔海乃家〕の伝言』日本機関紙出版センター
朝鮮人強制連行真相調査団編『検証・朝鮮植民地支配と補償問題』明石書店
吉見義明編集・解説『従軍慰安婦資料集』大月書店
国際人権研究会編『国際法従軍慰安婦・強制連行問題を正す』

一九九三年
山田盟子『従軍慰安婦』光人社
国際人権研究会編『慰安婦・強制連行―責任と償い』新泉社
西野瑠美子『従軍慰安婦と十五年戦争』明石書店
川田文子『皇軍慰安所の女たち』筑摩書房
「教えてください！『慰安婦』情報電話」報告集編集委員会編『性と侵略』社会評論社

一九九五年
吉見義明『従軍慰安婦』岩波新書
千田夏光『従軍慰安婦・慶子』恒友出版〔なお、本書は一九八一年に新書版で発行されたもの〕
上杉千年『検証・従軍慰安婦』全貌社

一九九七年
（財）女性のためのアジア平和国民基金編　政府調査『「従軍慰安婦」関係資料集成』（全五巻）龍渓書舎
尹明淑『従軍慰安婦』明石書店

資料編（その1）

「従軍慰安婦」極秘資料より

目次

【資料①】副官ヨリ北支方面軍及中支派遣軍参謀長宛通牒案（全文）〔昭一三・三〕

陸支密

副官ヨリ北支方面軍及中支派遣軍
参謀長宛通牒案

支那事変地ニ於ケル慰安所設置ノ為内地ニ於テ
之カ従業婦等ヲ募集スルニ当リ故ラニ軍部諒解
等ノ名儀ヲ利用シ為ニ軍ノ威信ヲ傷ツケ且ツ一
般民ノ誤解ヲ招ク虞アルモノ或ハ従軍記者、慰
問者等ヲ介シテ不統制ニ募集シ社会問題ヲ
惹起スル虞アルモノ或ハ募集ニ任スル者ノ人選適
切ヲ欠キ為ニ募集ノ方法誘拐ニ類シ警察当局
ニ検挙取調ヲ受クルモノアル等注意ヲ要スルモノ
少カラサルニ就テハ将来是等ノ募集等ニ当リテハ
派遣軍ニ於テ統制シ之ニ任スル人物ノ選定ヲ
周到適切ニシ其実施ニ当リテハ関係地方ノ憲

兵及警察當局トノ連繫ヲ密ニシ以テ軍ノ威信
保持上並ニ社會問題上遺憾ナキ様配慮相成
度依命通牒ス

一 陸支密第七四五號

昭和十三年參月四日

【資料②】陣中日誌　歩兵第四十一聯隊（抜粋）〔昭一三・七〕

七月十三日　一、森田隊ハ八時半発園鎮ニ向ヒ前進セル時刻着
晴　　　　　ス
宿縣　　　　二、左ノ日々命令ヲ下達ス
日々命令　　　　日々命令
　　　　　　　一、陸軍軍医中尉望月策次
　　　　　　　　聯隊本部附ヲ命ス
　　　　　　　　　　七月十三日
　　　　　　　　　　於宿縣部隊本部
　　　　　　　　　（七月十三日附）
軍司令官　　三、本日左ノ通リ第二軍司令官ヨリノ訓示ヲ受ク
訓示　　　　　依テ之カ謄写印刷配布ス

訓示

稔彦曩ニ閫外ノ重任ヲ拝シ武勲赫々タル将兵ニ
軍ヲ統率シテ徐州会戦ニ臨ミヤ各隊克ク有
形無形ノ戦力ヲ発揚シ衆敵堅陣ヲ粉砕シ
テ偉大ナル戦果ヲ収メタリ是レ固ヨリ御稜威ノ然
ラシムルトコロナリト雖モ亦以テ将兵ノ奮戦健闘

ニ由ル所愈々深ク其ノ勞ヲ多トスルト共ニ他ニ聞譁
殁ノ英靈ニ對シ衷心敬弔ノ意ヲ表ス
惟フニ戰局ノ前途尚遼遠ニシテ暴戻ナル敵軍
ニ更ニ一大鐵槌ヲ加フルノ要アルハ最早贅言ヲ要
セサル所之カ爲今回作戰ノ轉機ニ際シ軍ノ戰
斗序列改變ノ大命ニ接シ或ハ死生ヲ倶ニセル部
隊ト袂ヲ別チ或ハ依然相携ヘテ新任務ニ就
キ或ハ新ニ麾下ニ精強ナル部隊ヲ迎フル等
陣容ノ変更ヲ見ルニ至レリ
翻ツ本次事変ハ大日本國民ニ課セラレタル天
ノ試錬ニシテ軍ノ既ニ幾多光輝アル戰績ヲ収
メ得タリト雖敵ノ死命ヲ制シ能ク聖戰ノ目
的ヲ達成シ得ルト否トハ寧ロ懸リテ今後作
戰ニ存ス是ヲ得ヲ以テ然テナ他ニ轉スルモノト

依然軍ニ留ルモノト將又新ニ軍ニ入ルモノトヲ問
ハス愈々志氣ヲ昂揚シ益々軍紀ヲ振作シ
征戰長期ニ亘ルモ有ユル難局ヲ打開シテ戰
捷ノ一途ニ邁進シ彼ヲシテ屈服セシメスンハ止マサ
ルノ氣魄ヲ堅持セサルヘカラス劣弱ナル支那軍
ニシテ尚且長期抗戰ヲ呼號シ執拗ナル抵抗
ヲ持續ス我ニシテ堅忍不拔ノ意志ヲ缺クルトコ
ロアランカ安ンソ能ク聖戰ノ目的ヲ貫徹シ得
ンヤ今ヤ新陣容ヲ以テ乾坤一擲ノ次期作
戰ニ向ハントス將兵一同愈々盡忠報國ノ精
神ヲ砥礪シテ一度作戰行動ヲ再興スルヤ前
途ニ横ハル天險地障ヲ踏破シ炎暑瘴癘ヲ
克服シ勇躍奮進敵ヲシテ餘喘ナカラシムルノ
準備ニ遺憾ナキヲ期スヘシ

昭和十三年七月十日

第二軍司令官　稔彦王

四、軍人軍隊ノ對住民行為ニ關スル注意ノ件アリタルニ付印刷配布シ之カ徹底ヲ計ル其ノ内容左ノ如シ

方軍参ニ密第一六一號

軍人軍隊ノ對住民行為ニ關スル注意ノ件通牒

北支那方面軍参謀長　岡部直三郎

一、軍占據地域内ノ治安ハ徐州會戦ノ結果一時好轉セシヤニ看受セラレシモ最近ニ至リ山東省方面ニ於ケル交通線ノ破壊復ヒ盛トナリ又北部京漢線西方地區共産遊撃隊ノ活動ハ北京北方地區ヲ経テ從來ノ平和境冀東

【資料③】陣中日誌　歩兵第九旅団（抜粋）［昭一三・七］

七月二十七日　曇時雨

一、警備隊司令部ハ宿縣ニ位置ス

二、密偵ノ報告ニ依レハ張家圍子（徐橋東北方六粁）王庄（徐橋西北方六粁）附近ニ蟠居シアリシ共産匪（匪首不明）約千五百ハ靈壁方向ニ移動セリト

三、及川少将及納見大佐ハ昨二十六日無事青島上陸ノ旨藤口少佐ヨリ電報アリ

四、北支那方面軍参謀長ヨリ軍人、軍隊ノ對住民行爲ニ關スル注意左記ノ通リ通牒アリ、

方軍参二密第一六一號

軍人軍隊ノ對住民行爲ニ關スル注意ノ件通牒

昭和十三年六月二十七日

北支那方面軍参謀長　岡部直三郎

一、軍占據地域内ノ治安ハ徐州會戰ノ結果一時好轉セ

ジャニ看受ケラレシモ最近ニ至リ山東省方面ニ於ケル交通線ノ復ヒ盗トナリ　又北部京漢線西方地區共産遊撃隊ノ活動ハ北京北方地區ヲ經テ從來ノ平和境冀東方面ニ迄擴大セラル、等再ヒ逆轉ノ傾向ヲ示シツ、アリ、治安回復ノ前途實ニ多難ナルヲ覺エシム

六、

治安回復ノ進捗遅々タル主ナル原因ハ後方安定ニ任スル兵力ノ不足ニ在ルコト勿論ナルモ一面軍人及軍隊ノ住民ニ對スル不法行爲カ住民ノ怨嗟ヲ買ヒ反抗意識ヲ煽リ共産抗日系分子ノ民衆煽動ノ口實トナリ　治安工作ニ重大ナル惡影響ヲ及ホスコト尠シトセス

而シテ諸情報ニヨルニ斯ノ如キ強烈ナル反日意識ヲ激成セシメシ原因ハ各所ニ於ケル日本軍人ノ強姦事件カ全般ニ傳播シ實ニ豫想外ノ深刻ナル反日感情ヲ

醸成セルニ在リト謂フ、

三、由來山東、河南、河北南部等ニ在ル紅槍會大刀會及之レニ類スル自衛團體ハ古來軍隊ノ掠奪、強姦行爲ニ對スル反抗熾烈ナルカ特ニ強姦ニ對シテハ各地ノ住民一齊ニ立チ死ヲ以テ報復スルヲ常トシアリ（昭和十三年十月六日方面軍ヨリ配布セル紅槍會ノ習性ニ就テ參照）從テ各地ニ頻發スル強姦ハ單ナル刑法上ノ罪惡ニ留ラス治安ヲ害シ軍全般ノ作戰行動ヲ阻害シ累ヲ國家ニ及ホス重大反逆行爲ト謂フヘク部下統率ノ責ニアル者ハ國軍、國家ノ爲ハ泣テ馬謖ヲ斬リ他人ヲシテ戒心セシメ再ヒ斯ル行爲ノ發生ヲ絶滅スルヲ要ス若シ之ヲ不問ニ附スル指揮官アラハ是不忠ノ臣ト謂ハサルヘカラス

四、右ノ如ク軍人個人ノ行爲ヲ嚴重取締ルト共ニ一面成ルヘク速ニ性的慰安ノ設備ヲ整ヘ設備ノ無キタメ不本意乍

三、

醸成セルニ在リト謂フ、山東、河南、河北南部等ニ在ル紅槍會大刀會及之レニ類スル自衛團體ハ古來軍隊ノ掠奪、強姦行爲ニ對スル反抗熾烈ナルカ特ニ強姦ニ對シテハ各地ノ住民一齊ニ立チ死ヲ以テ報復スルヲ常トシアリ（昭和十三年十月六日方面軍ヨリ配布セル紅槍會ノ習性ニ就テ参照）従テ各地ニ頻發スル強姦ハ單ナル刑法上ノ罪悪ニ留ラス治安ヲ害シ軍全般ノ作戰行動ヲ阻害シ累ヲ國家ニ及ホス重大反逆行爲ト謂フヘク部下統率ノ責ニアル者ハ國軍、國家ノ爲メ泣テ馬謖ヲ斬リ他人ヲシテ戒メシメ再ヒ斯ル行爲ノ發生ヲ絶滅スルヲ要ス若シ之ヲ不問ニ附スル指揮官アラハ是不忠ノ臣ト謂ハサルヘカラス

四、

右ノ如ク軍人個人ノ行爲ヲ嚴重取締ルト共ニ一面成ルヘク速ニ性的慰安ノ設備ヲ整ヘ設備ノ無キタメ不本意乍

ヲ禁ヲ侵ス者無カラシムルヲ緊要トス

五、右ノ外討伐部隊カ戦闘上ノ必要ニ基クニ非ラスシテ單ニ敵兵ノ存在セシ故ニ或ハ住民地附近ノ交通ヲ匪賊カ破壊セリトノ理由ニ依リ住民ノ家屋ヲ焼却スルカ如キ徒ニ無辜ノ住民ヲシテ自暴自棄ニ陥リ匪賊ニ投セシムル結果トナルヲ以テ住民地ノ焼却ハ厳ニ之レヲ禁止スルヲ要ス

六、近時各遊撃部隊ハ縣政府ヲ作リ相當組織アル行政ニ布キアルヲ以テ討伐部隊ノ行動住民ヲ庇護スヘルノ態度ニ出テサルニ於テハ住民ヲシテ日本軍ヨリモ反ッテ遊撃部隊ヲ徳トスルニ至ラシムヘシ

前述ノ諸項ハ從來屢々注意セラレシ所ナルモ其徹底特ニ實行部隊タル中隊以下ニ對スル徹底十分ナラサル憾アリ此際特ニ下級部隊ヘノ徹底ヲ期シ信賞必罰ヲ以テ臨マレ度ク命ニ依リ通牒ス

七月二十八日
曇（驟雨）

一、警備隊司令部ハ宿縣ニ位置ス
二、國崎少將ハ步四一將校團ニ對シ告別ノ爲メ九時三十分納見部隊本部ニ到リ十一時十分歸部ス

七月二十九日
曇

一、警備隊司令部ハ宿縣ニ位置ス
二、八時ヨリ司令部ニ於テ國崎少將告別式ヲ行フ
三、國崎少將赴任ノ爲九時三十分宿縣驛發列車ニテ徐州ニ向ヒ出發ス
西原大尉河府上等兵同行ス
四、十四時五十分徐州東站着直ニ鶴屋旅館ニ投宿シ同所ニ於テ新旅團長ニ對シ事務引継ヲナス
五、旅團長着任ノ爲儀式ニ關スル命令左ノ如シ（守田部隊ニ出シタル命令ニ付キ同隊ニテ承知シ記入スルコト）

【資料④】部外秘　支那事変ノ経験ヨリ観タル軍紀振作対策（抜粋）［昭一五・九］

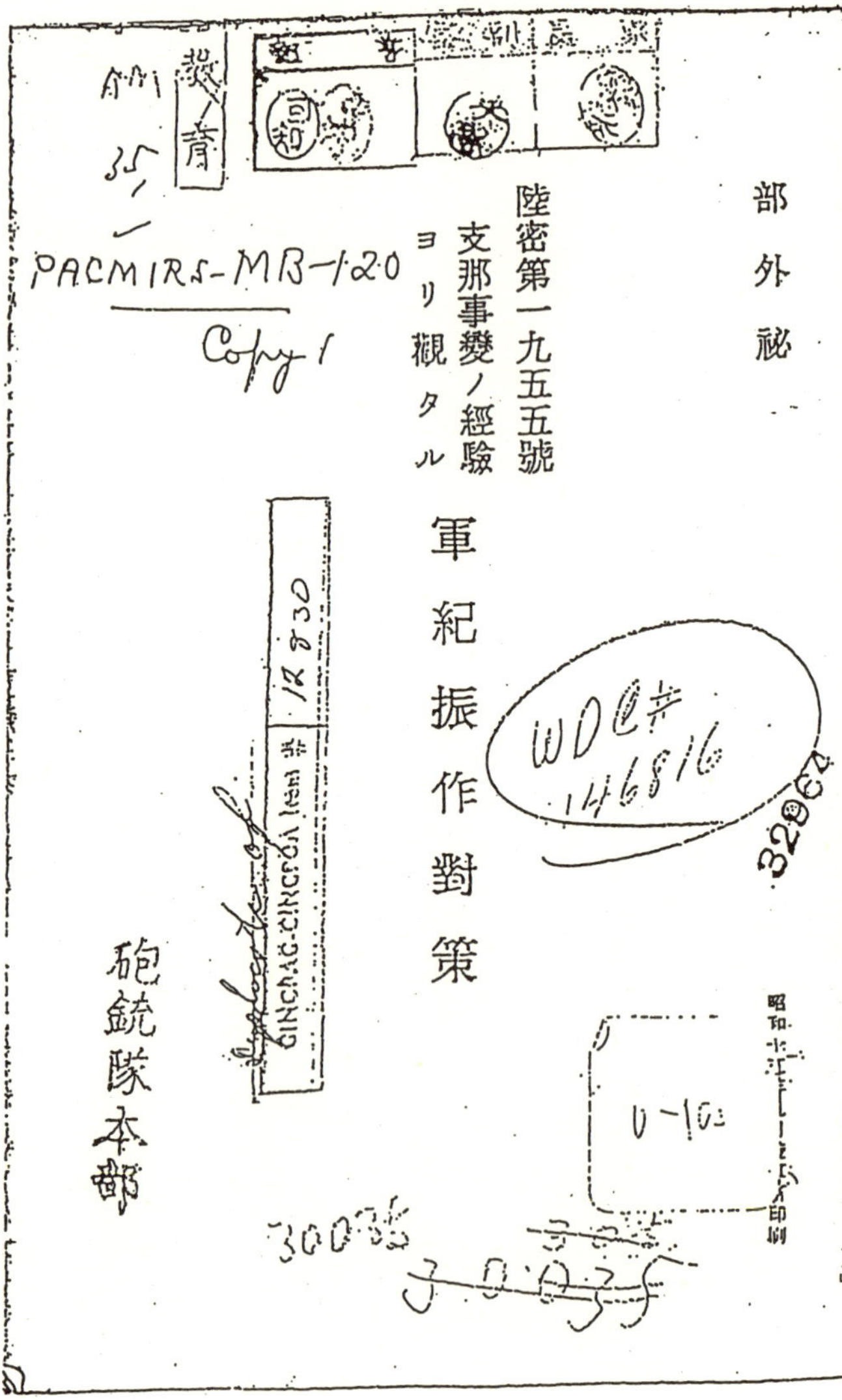
部外秘

陸密第一九五五號

支那事變ノ經驗ヨリ觀タル

軍紀振作對策

砲銃隊本部

PACMIRS-MB-120

Copy 1

WDC# 146816

CINCPAC-CINCPOA Item #

陸密第一九五五號

教育指導參考資料送付ノ件關係陸軍部隊ヘ通牒

昭和十五年九月十九日

陸軍省副官　川原直一

「支那事變ノ經驗ヨリ觀タル軍紀振作對策」教育指導ノ參考トシテ送付ス

緒言

一、要旨

軍紀ハ軍隊ノ命脈ナリ而シテ其ノ弛張ハ直ニ軍ノ運命ヲ左右スルモノニシテ透徹セル訓練モ之ニヨリテ能ク其ノ成果ヲ実戦場裡ニ発揚スルヲ得ヘク軍隊ノ指揮亦之ニヨリテ完璧ヲ期シ得ヘク聖戦ニ従フ皇軍ノ声価モ之ニヨリテ光彩ヲ発揮スルコトヲ得ヘシ然ルニ支那事変勃発以来ノ実績ニ徴スルニ各関係当事者ノ努力ニ依リ漸次緊粛ノ道程ニ在リト偁スルモ赫々タル武勲ノ反面ニ幾多其ノ弛緩ヲ実証セル非犯ヲ生起シ就中統帥指揮ノ神聖ヲ冒瀆シ軍存立ノ本義ヲ害スル軍紀犯並ニ武士道的精神及躾ノ欠如ニ因由スル諸犯多発シ軍紀ヲ侵害セルノミナラス軍ノ威信ヲ失墜シ延イテハ聖戦ニ対スル内外ノ嫌悪反感ヲ招来シ治安工作ヲ害シ国際関係ニ悪影響ヲ及ホシ聖戦目的ノ達成ヲ困難ナラシメアルモノアルハ真ニ遺憾トスル所ナリ戦争状態長期ニ亘ルニ従ヒ動モスレハ軍紀弛緩ノ諸因ヲ包蔵シアルニ鑑ミ之カ振作ニ関シテハ格別ノ配慮ヲ要ス

二、支那事変間ニ於ケル犯罪、非行ノ特色

支那事変ニ於ケル犯罪、非違ノ件数ハ国軍総兵員数ノ激増セルニ比スレハ其ノ増加率ハ必スシ

［中略］

事變勃發以來ノ實情ニ徴スルニ赫々タル武勳ノ反面ニ掠奪、強姦、放火、俘虜惨殺等皇軍タルノ本質ニ反スル幾多ノ犯行ヲ生シ為ニ聖戰ニ對スル内外ノ嫌惡反感ヲ招來シ聖戰目的ノ達成ヲ困難ナラシメアルハ遺憾トスル所ナリ宜シク皇軍ノ本質並ニ今次聖戰ノ目的ハ抗日排日容共政權及其ノ軍隊ヲ打倒シ東洋永遠ノ平和ヲ確立シ新秩序ノ建設ニ寄與スルニ在リテ決シテ一般民衆ヲ敵トスルモノニ非サル所以ヲ一兵ニ至ルマテ徹底セシメ其ノ行動ヲシテ之ニ即應セシムルコト肝要ナリ

二、事變地ニ於ケル軍紀ノ實相特ニ犯罪非行ノ特色ヲ把握シ其ノ因テ來ル所ヲ究メ指導取締上ノ要點ヲ逸セサル如ク留意スルヲ要ス

三、戰鬪行動直後ニ於ケル軍紀風紀ニ關スル指導取締ニ就キ格別ナル留意ヲ必要トス

犯罪非行生起ノ狀況ヲ観察スルニ戰鬪行動直後ニ多發スルヲ認ム是レ戰鬪間ニ於ケル殺伐タル心情ノ餘波ヲ受ケアリト思料セラルルヲ以テ戰鬪直後ノ指導取締ニハ特別ナル留意ヲ必要トス

四、事變地ニ於テモ萬難ヲ排シテ教育訓練ヲ勵行スルヲ要ス

今次事變ニ於ケル部隊ノ編成、素質及戰場ノ諸相ヨリ考フルニ「且教ヘ且戰フ」ハ最モ必要トスル

所ニシテ之ニ依リテ將兵ヲシテ常ニ軍紀ヲ嚴正ニシ志氣ヲ振起シ團結ヲ強化シ戰力ヲ發揮スルコトヲ得ヘシ特ニ戰場ノ機微ノ間ニ實施セル精神教育ハ深キ感銘ヲ與ヘ發奮興起ノ基トナルハ想像外ニシテ平時ニ於テ見ラレサル所ナリ而シテ戰地ニ於テ最モ困難トスルハ資料ノ乏シキニナリ特ニ現下軍隊下級幹部ノ精神教育能力ニ鑑ミ之カ資料ヲ作製配布スルノ著意ヲ必要トス

又戰地ニ於ケル起居ハ不規則ニ亙リ易キヲ以テ機會ヲ求メテ軍紀訓練ヲ實施スルハ價値大ナルモノアルヘシ

尚從來犯行者取調ノ結果ニ徴スルニ陸軍刑法、同懲罰令ニ關スル必要事項ノ教育不十分ナルタメ不知ノ間ニ犯罪非行ヲナセルモノ尠カラサルヲ以テ苟モ此等教育ノ不徹底ニ基キ勳功アル部下ヲシテ犯罪者タルノ汚名ヲ蒙ラシムルコトナキヲ要ス

五、事變地ニ於テハ特ニ環境ヲ整理シ慰安施設ニ關シ周到ナル考慮ヲ拂ヒ殺伐ナル感情及劣情ヲ緩和抑制スルコトニ留意スルヲ要ス

環境カ軍人ノ心理延イテハ軍紀ノ振作ニ影響アルハ贅言ヲ要セサル所ナリ故ニ兵營（宿舍）ニ於ケル起居ノ設備ヲ適切ニシ慰安ノ諸施設ニ留意スルヲ必要トス特ニ性的慰安所ヨリ受クル兵ノ精神的影響ハ最モ率直深刻ニシテ之カ指導監督ノ適否ハ志氣ノ振興、軍紀ノ維持、犯罪及性病ノ豫防

［附録］

［中略］

教育能力ノ不十分並ニ下級者ノ軍紀ニ對スル概念ノ缺如ニ基因スル所大ナリト思料セラル尚幹部ノ軍紀振作ニ關スル監督指導的確ヲ缺キ事犯生起スルモ表面ヲ糊塗シ斷乎タル處分ノ實施ヲ躊躇シ爲ニ逐次重大事犯ヲ累加セシメアルモノ少カラサルコト並ニ飲酒カ犯行直接ノ動機トナレルモノ多キコトハ教育指導上特ニ注意ヲ要スル所ナリ

本事犯ハ軍隊存立ノ根本ヲ破壞スル虞アルモノナルヲ以テ深ク其ノ原因ヲ究メ徹底セル對策ヲ講シ之ヲ豫防スルト共ニ一度事犯生起セハ斷乎タル處置ニ出テ以テ軍紀ヲ確立スルヲ要ス

二、掠奪、強姦、賭博等ニ就テ

支那事變勃發ヨリ昭和十四年末ニ至ル間ニ軍法會議ニ於テ處刑セラレシ者ハ掠奪、同強盜致死傷四二〇、強姦、同致死傷三一二、賭博四九四ニ達シアリ其ノ他支那人ニ對スル暴行、放火慘殺等ノ所爲亦散見スル所ナリ

抑々此種事犯ハ皇軍ノ本質ニ戻ル惡質犯ニシテ軍紀ヲ紊ルノミナラス事變地民衆ノ抗日意識ヲ煽リ治安工作ヲ妨ケ支那側及第三國ノ宣傳資料ニ利用セラレテ皇軍ノ聲價ヲ傷ケ延イテハ對外政策ノ上ニモ不利ナル影響ヲ及ホシ聖戰目的ノ遂行ヲ阻害スル等其ノ弊害誠ニ大ナルモノアリ宜シク軍隊幹部ニ於テ部下ノ教育指導ヲ適切ニシ特ニ今次聖戰ノ目的ヲ一兵ニ至ルマテ徹底セシメ其ノ行動

ヲ之ニ即應セシムルト共ニ慰安其ノ他ノ諸施設ヲ強化スル等各種ノ手段ヲ講シ以テ此種犯行ヲ防遏シ兵ノ眞價ヲ發揮スルヲ要ス

三、經理上ノ非違行爲ニ就テ

經理上ノ非違行爲ノ防遏ニ就テハ各種ノ機會ニ於テ上司ヨリ屢々注意ヲ喚起セラレタル所ナルモ非犯ハ依然トシテ續出シアリ

而シテ往々其ノ手段極メテ巧妙ニシテ尋常ノ手段ヲ以テハ之カ發見容易ナラサルモノアルコト、甚シキハ巧妙ナル方法ニ依リ賄賂ヲ要求セルカ如キモノアルコト、非行者ノ大部ハ遊興ニ耽リ而モ長期間ニ亘リ犯行ヲ繼續セルモノ多キコト竝ニ非違ニ當リ軍關係業務ニ從事スルニ至レル軍屬等ニ在リテハ地方ノ風習ヨリ推斷シテ此種非違行爲ニ對スル是非ノ觀念透徹セサルモノアルコト等ハ監督指導上留意ヲ要スル所ナリ

民間業者中ニハ各種ノ老猾ナル術策ヲ以テ軍關係者ニ接近シ不正手段ニ依リ利益ヲ獲得セントスルモノヲ生シ易キ社會ノ實相ニ鑑ミ本非犯ノ防遏ニ就テハ特ニ深甚ナル配慮ヲ必要トス

〔以下略〕

【資料⑤】秘　戦場ニ於ケル特殊現象ト其対策（緒言）［昭一三・一一～一四・一一］

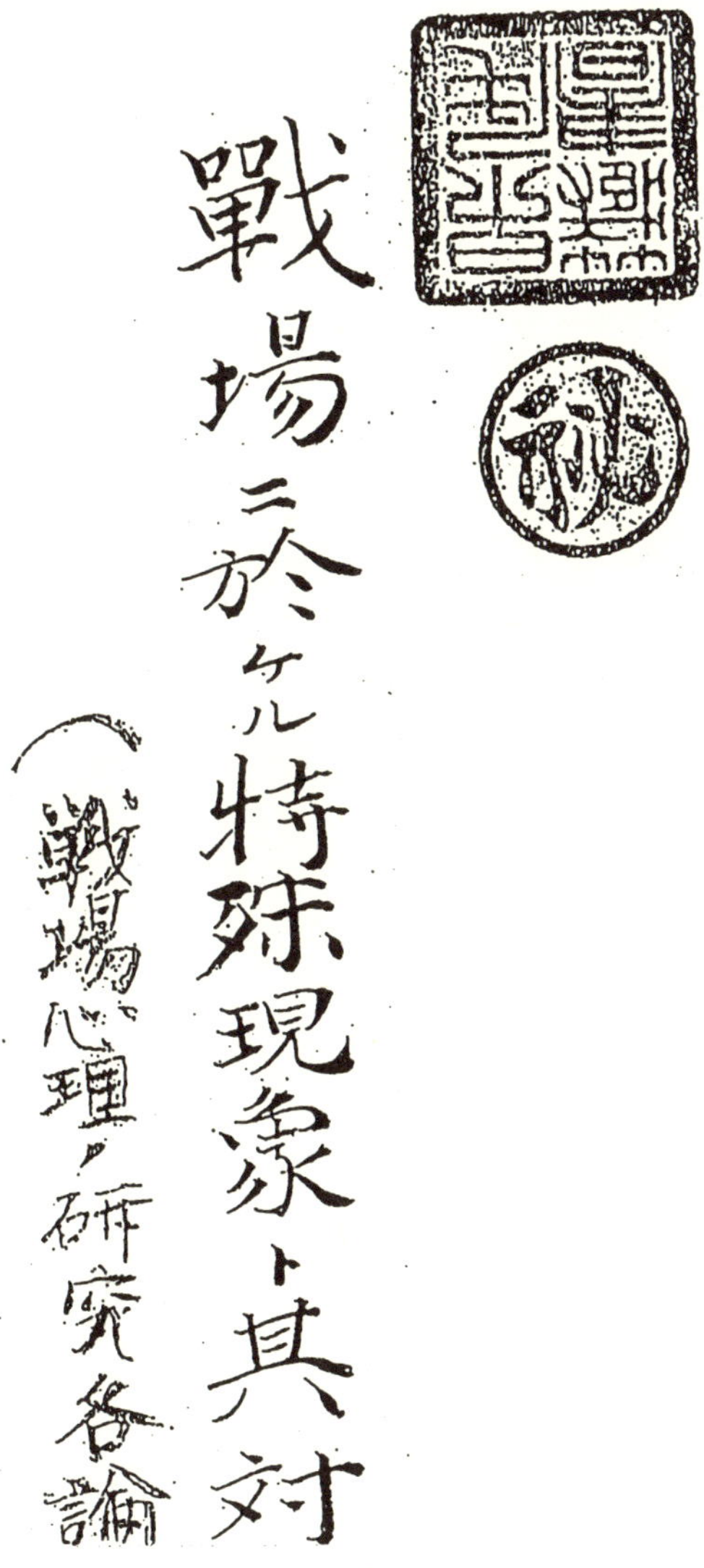

秘

戰場ニ於ケル特殊現象ト其対策

（戰場心理ノ研究各論）

〔中略〕

戦場生活ニ於ケル特異現象ト其ノ対策

緒言

日支事変ニ應召シ戦場生活ヲ体験ナス時戦場生活ハ出征将士ノ精神ニ向ッテ日常生活ニテハ到底経験ナシ得ヌ又様々ノ刺激ヤ衝動ガ加ヘラレ其等ガ度重ナルト共ニ遂ニ特異ナル現象ヲ精神ニ示ス事トナルヲ知ッタ　即チ是等ノ現象ガ神経病精神病ノ症候ノ中ニ織リ込マレルモノデアル是等ノ事実ハ既ニ欧洲大戦ニアリテ知ラレタルモノナルガ故ニ敢テ珍トナスニ足ラヌカモ知レナイ　然シ私ハ戦場デ自ラ経験シテ其ノ事実ヲ確認シ得タドノト共ニ欧洲大戦時ニハナカッタ現象モ存在スルコトヲ知ッテ此処ニ稿ヲ起スコトヽナッタ。

戦場生活ニ於ケル現象ヲ示ス期間ハ誠ニ短ク速カニ是

陸軍

ナ記載シ或ハ撮影シ置カザル時ハ患者ヲ戦線ヨリ後送サ
セラル、ニ随ヒ其ノ内容ハ漸次消退シ終ニ姿ヲ没スルニ至ル
内地ニ着イタ患者ニ再ビ是ヲ求メル様トシテモ不可能
デアル。戦地病院デサヘモ其ノ最後方兵站病院ヘ達シタ頃
ニハ余程其ノ内容ニ変化ガアル
故ニ私ハ戦場ノ主要病院ニハ必ズ一人ノ専門軍医ヲ配属セシ
メ病床日誌ノ記載ニ備ヘテ置カネバナラヌト主張シタ是ニ
ヨツテ内地ノミニアラズ実戦ニ参加ナキ軍医ノ感ズル不便ヲ除クノ
デアル此ノ主張ハ漸次実施セラレタ戦地唯一ノ精神病棟
ハ上海陸軍病院内ニアル是ハ昭和十三年十月カラ開設セラ
レタ従ツテ専門ノ専任軍医ガアル其他ハ単ニ専門家ハ居
ツタトシテモ病棟ヲ持ツテ居ラズ他科ノ病室ノ一部ヲ借リ居
ルニ過ギナイ然シ上海以外ノ主要病院ニハ専門家ノ配属セ
ラレヌモノガ未ダ多数ニアル反之患者輸送班ノ如キモノニ却

ツテ専門家ガ配属サレテ居ル始末デアル 或ハ隊附トシテ存在シ是ヲ他ニ臨時配属セシムルコトノ困難ガアルト言ハレル
此ノ為メニ未ダ日誌記載ノ内容ハ十分ナリトハ言ヒ難イ事ニ内地ノ患者集合地タル広島、大阪、小倉等ノ陸軍病院ニハ比較的早クカラ専門家ノ配属ガアッタノデ日誌ノ内容ハ極ナヨク整ッタガ此処ニ於テハ最早戦場デ目撃スル生々シイ特異ナ現象ハ既ニ求メ難イノデアル
余ハ左ニ戦場デ其ノ当事ニアタリ経験シタ事柄ニ就イテ全ク遠慮ナク記述シ同好ノ士ノ為メニ参考ニ供ヘタイト思フ
若シ多少ナリトモ戦場生活ノ真状ヲ傳ヘルコトガ出来タナラバ誠ニ幸デアル

昭和十四年六月脱稿ヲ終ル

陸軍

於國府台陸軍病院附

陸軍軍医中尉

金沢医科大学教授　平尾[illegible]

【資料⑥】秘　常州駐屯間内務規定（第九章）〔昭一三・三〕

第九章　慰安所使用規定

第五十九　方針

緩和慰安ノ道ヲ講シテ軍紀粛正ノ一助トナサントスルニ在リ

第六十　設備

慰安所ハ日華會館南側圍壁内ニ設ケ日華會館附屬建物及下士官、兵棟ニ區分ス

下士官兵ノ出入口南側表門トス

衛生上ニ関シ楼主ハ消毒設備ヲナシ置クモノトス

各隊ノ使用日ヲ左ノ如ク定ム

星部隊	日曜日
栗岩部隊	月火曜日
松村部隊	水木曜日
成田部隊	土曜日
阿知波部隊	金曜日

村田部隊　日曜日

其他臨時駐屯部隊ノ使用ニ関シテハ別ニ示ス

第六十一　實施單價及時間

1.下士官兵、營業時間ヲ午前九時ヨリ午后六時迄トス

2.單價

使用時間ハ一人一時間ヲ限度トス

支那人	一円〇〇銭
半島人	一円五十銭
内地人	二円〇〇銭

以上ハ下士官、兵トシ將校（准尉含ム）ハ倍額トス

（防毒面ヲ附ス）

第六十二　検査

毎週、月曜日及金曜日トシ金曜日ヲ定例検黴日トス

検査時間ハ午前八時ヨリ午前十時迄トス

検査主任官ハ第四野戦病院医官トシ兵站予備病院並各隊医官ハ之ヲ補助スルモノトス、検査主任官ハ其ノ結果ヲ第三項部隊ニ通報スルモノトス

第六十三 慰安所利用ノ注意事項左ノ如シ

1. 慰安所内ニ於テ飲酒スルヲ禁ス
2 金額支払及時間ヲ厳守ス
3 女ハ總テ有毒者ト思惟シ防毒ニ関シ万全ヲ期スヘシ
4 営業者ニ對シ粗暴ノ行為アルヘカラス
5 酒気ヲ帯ヒタル者出入ヲ禁ス

第六十四 雑件

1 営業者ハ支那人ヲ客トシテ採ルコトヲ許サス
2 営業者ハ酒有茶菓ノ饗應ヲ禁ス
3 営業者ハ特ニ許シタル場所以外ニ外出スルヲ禁ス
4 営業者ハ總テ検黴ノ結果合格証ヲ所持スルモノニ限ル

第六十五　監督擔任

監督擔任部隊ハ憲兵分遣隊トス

第六十五　附加事項

1 部隊慰安日ハ木曜日トシ當日ハ各隊ヨリ使用時限ニ幹部ヲシテ巡察セシムルモノトス

2 慰安所ニ至ルトキハ各隊毎ニ引率セシムヘシ

但シ巻脚絆ヲ除クコトヲ得

3 毎月十五日ハ慰安所ノ公休日トス

【資料⑦】号外　慰安所規定送付ノ件軍政監部ビサヤ支部（全文）［昭一七・一一］

15-2

号外

慰安所（亜細亜会館 第一慰安所）規定送付ノ件

軍政監部ビサヤ支部イロイロ出張所

昭和十七年十一月二十二日

イロイロ憲兵分隊　御中

首題ノ件別紙ノ如ク送付ス

以上

慰安所規定（第一慰安所 亜細亜会館）

一、本規定ハ比島軍政監部ビサヤ支部イロイロ出張所管理地区内ニ於ケル慰安所実施ニ関スル事項ヲ規定ス

二、慰安所ノ監督指導ハ軍政監部之ヲ管掌ス

接客婦ノ検黴ハ毎週火曜日拾五時ヨリ行フ

三、警備隊医官ハ衛生ニ関スル監督指導ヲ担任スルモノトス

四、本慰安所ヲ利用シ得ベキモノハ制服着用ノ軍人軍属ニ限ル

五、慰安所経営者ハ左記事項ヲ厳守スベシ

1、家屋寝具ノ清潔並日光消毒

2、洗滌消毒施設ノ完備

3、「サック」使用セザル者ノ遊興拒止

4、患婦接客禁止

5. 慰安婦外出ヲ嚴重取締
6. 毎日入浴ノ實施
7. 規定以外ノ遊興拒止
8. 營業者ハ毎日營業状態ヲ軍政監部ニ報告ノ事

六、慰安所ヲ利用セントスル者ハ左記事項ヲ嚴守スヘシ
1. 防諜ノ絶對嚴守
2. 慰安婦及楼主ニ對シ暴行脅迫行爲ナキ事
3. 料金ハ軍票トシ前拂トス
4. 「サック」ヲ使用シ且洗滌ヲ確實ニ實行シ性病豫防ニ萬全ヲ期スコト
5. 比島軍政監部ビサヤ支部イロイロ出張所長ノ許可ナクシテ慰安婦ノ連出シハ堅ク禁ズ

七、慰安婦散歩ハ毎日午前八時ヨリ午前十時マデトシ其ノ他ニアリテハ比島軍政監部ビサヤ支部イロイロ出張所長ノ許可ヲ受クベシ尚散歩区域ハ別表一ニ依ル

八、慰安所使用ハ外出許可証（亦ハ之ニ代ルベキ証明書）携帯者ニ限ル

九、営業時間及料金ハ別紙二ニ依ル

別表一　散歩区域

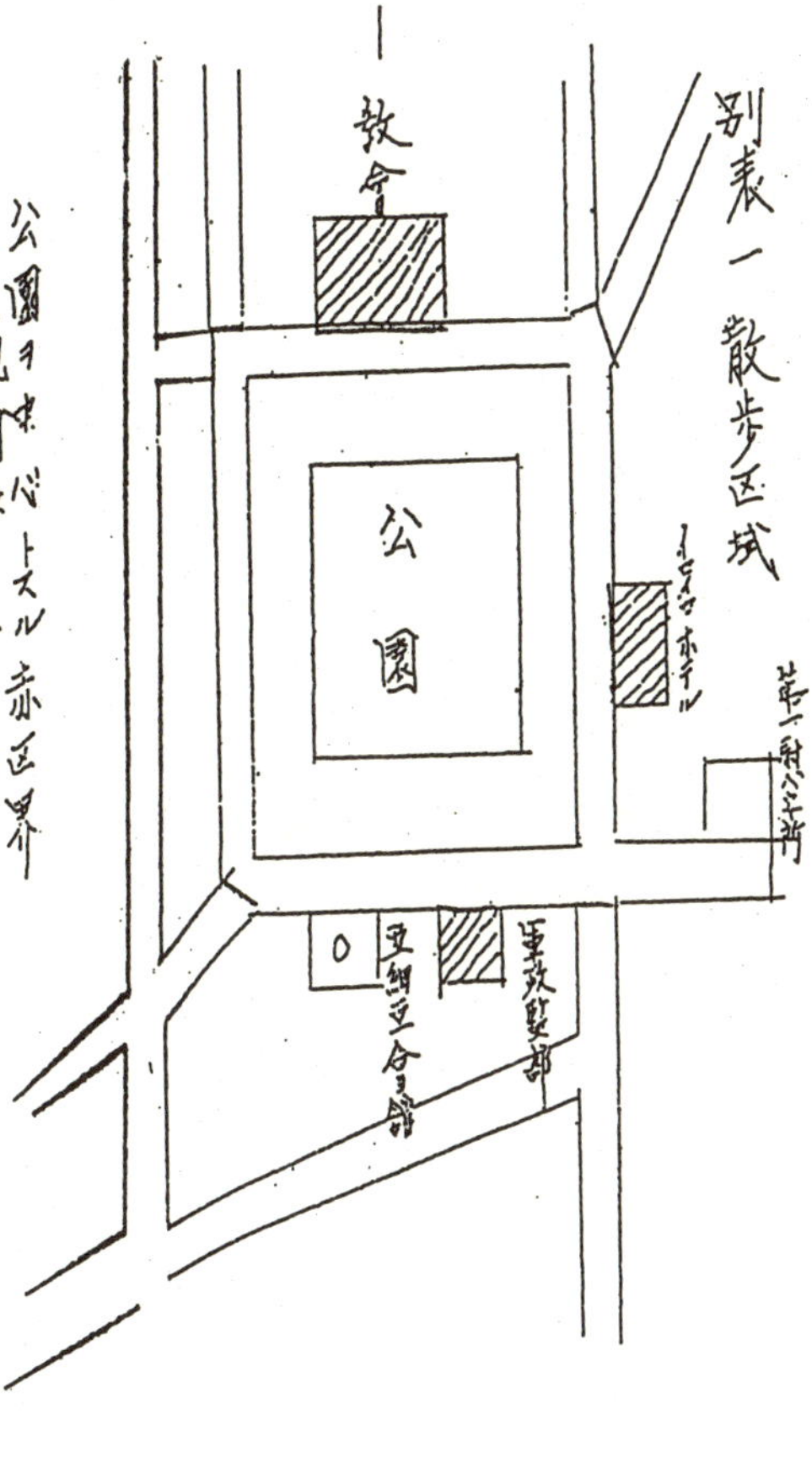

別表、二

營業時間及料金表

区分	營業時間	遊興時間	料金 第一慰安所	料金 亞細亞會館	備考
兵	自九、〇〇 至一六、〇〇	三〇分	一、〇〇	一、五〇	
下士官 軍屬	自一六、〇〇 至一九、〇〇	三〇分	一、五〇	二、五〇	
見習士官 將校	自一九、〇〇 至二四、〇〇	一時間	三、〇〇	六、〇〇	

【資料⑧】第四十八師団戦史資料竝終戦状況（抜粋）〔昭二一・七〕

第四十八師團戰史資料竝終戰狀況

第四十八師團（「スンバワ」島「ロボック」）

昭和廿一年七月五日　師團長中將　山田國太郎

復員廳總裁殿

一、前言

第四十八師團戰史資料ハ停戰時其ノ大部ヲ上司ノ指令ニ基キ處分シ又殘部モ濠洲軍ニ提出セシヲ以テ正確ナル資料殆ド皆無ナリ依ツテ將兵ノ記憶ヲ綜合シ主トシテ「ナモール」島防衛作戰以降ヲ努メテ詳細ナラシムル如ク記述シ「フイリツピン」及「ジヤワ」作戰ハ既提出資料ニ依リ得ベキヲ以テ概要ニ止メタリ

以下指定様式ニ依リ記述ス

二、行動經過ノ概要（別冊第一部隊履歴参照）

ノ第四十八師團ハ昭和十五年十一月三十日下令同月廿一日編成ヲ

【資料⑨】 秘 呂集団特務部月報（抜粋） 〔昭一五・四〕

地区	前月計	本月計	増	減	備考
漢口方面	四、五七〇	四、六二〇	五〇		
武昌方面	一七、五〇〇	一七、四八〇		二〇	
漢陽方面	五四、五四三	五五、三八一	七三八		漢陽ハ難民ノ区別ナシ

3 娼区ノ設定

漢口在住ノ娼婦ハ現在ノ登記人員二百数十名ニ過キサルモ、実数ハ優ニ三千名以上ニ達シアルモノト思料セラル。是等ハ市街ノ随所ニ散在シ、風紀ヲ害スル一面又汎ク病毒ヲ伝播シ、延テハ皇軍ノ衛生上ニモ累ヲ及ホスヲ顧慮シ、秩側、取締、衛生上ノ各見地ヨリ全市ニ二十箇所ノ娼区ヲ設定シ、六月末日迄ニ該区域ニ収容シ、妓女ノ登記、等級ノ区分ヲナシ衛生局ノ検病施設ト相俟ツテ花柳界ノ改善ヲ図ルコトトナレリ。而シテ武昌、漢陽方面モ逐次漢口ニ準スル方針ナリ。

4 司法及巡警犯

【資料⑩】 秘　副官ヨリ台湾軍参謀長宛返電案（全文）〔昭一七・四〕

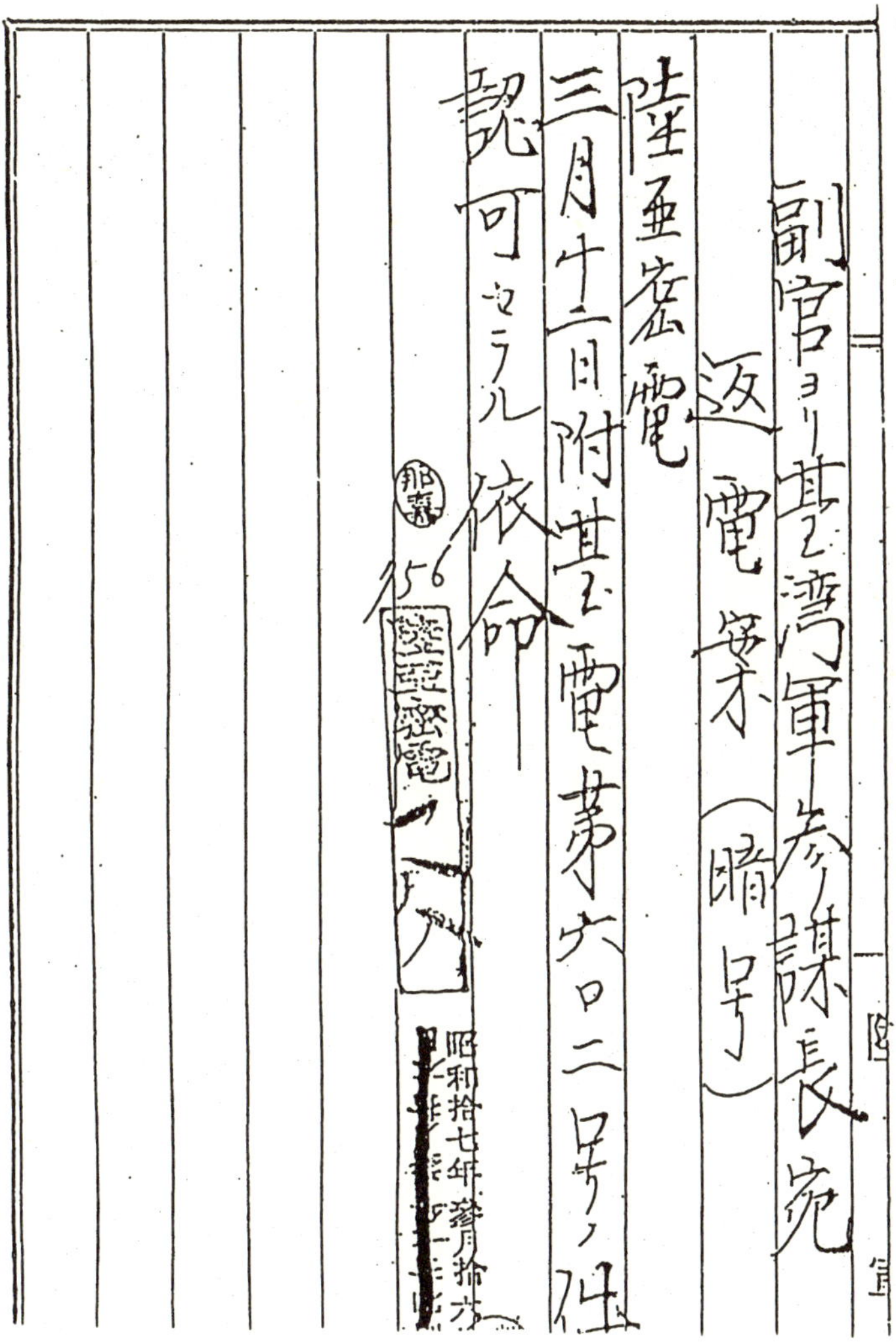
副官ヨリ台湾軍参謀長宛
返電案（暗号）
陸亜密電
三月十二日附台電第六〇二号ノ件
認可セラル依命
456
昭和拾七年参月拾六

陸軍省受領 陸亜密受第二三九九號

秘

電報譯

三月一二日午後一九時三〇分發
三月一二日午後二一時四〇分着

發信地

大臣宛　發信者　台湾軍司令官

台電第六〇二號

陸密電第六三號ニ関シ「ボルネオ」行キ慰安土人五〇名為シ得ル限リ派遣方南方総軍ヨリ要求セルヲ以テ陸密電第六二三號ニ基キ憲兵調査選定セル左記経営者三名渡航認可アリ度申請ス

左記

愛媛縣越智郡[redacted]台北州基隆市日

新町二ノ六 [redacted] 四十二歳 朝鮮全羅南道済
州島 [redacted] 台北州基隆市義重町四ノ一五
[redacted] 三十五歳 高知縣長岡郡 [redacted] 高
雄州潮州郡潮州街二六七 [redacted] 五十一歳

終

資料編（その2） 政府関係公表文書

目次

【資料Ⅰ】

朝鮮半島出身のいわゆる従軍慰安婦問題について（全文）

平成4年7月6日

内閣官房内閣外政審議室

政府としては、昨年12月より朝鮮半島出身のいわゆる従軍慰安婦問題に政府が関与していたかどうかについて、関係資料が保管されている可能性のある省庁において関連資料の調査を行っていたところであるが、現在までの調査結果を下記の通りとりまとめたので発表する。なお、政府としては、今後とも新たな資料が発見された場合には、これを公表してまいりたい。

記

1.　調査期間　平成3年12月～平成4年6月

2.　調査を行った省庁と調査方法

警察庁……①警察庁所管資料を調査。

②各都道府県の本部長に対して調査を依頼。
防衛庁……防衛研究所を始め、陸上、海上及び航空の各自衛隊、防衛大学校等の防衛庁関係の各機関において戦史資料を中心に調査。

外務省……外交資料館等において、外交資料を中心に調査。

文部省……①各国公私立大学附属図書館に対し調査を依頼。
②各都道府県教育委員会（公立図書館関係）及び私立図書館に対し調査を依頼。
厚生省……復員関係資料及び軍人・軍属名簿を中心に調査。

労働省……本省関係部局及び関係機関並びに地方職業安定機関において調査。

3. 調査結果

(1) 各省庁から発見された資料の件数
警察庁……０件
防衛庁……70件
外務省……52件
文部省……１件
厚生省……４件
労働省……０件

(2) 今回の調査で発見された資料を整理すると次のとおり。（詳細は別紙のとおり。括弧内の件数は重複しているものもある。）
①慰安所の設置に関するもの（４件）
②慰安婦の募集に当たる者の取締りに関するもの（４件）
③慰安施設の築造・増強に関するもの（９件）
④慰安所の経営・監督に関するもの（35件）
⑤慰安所・慰安婦の衛生管理に関するもの（24件）
⑥慰安所関係者への身分証明書等の発給に関するもの（28件）
⑦その他（慰安所、慰安婦に関する記述一般等）（34件）

(3) 今回発見された資料の主な記述を上記分野に従って整理すると次の通り。
①慰安所の設置については、当時の前線における軍占領地域内の日本軍人による住民に対する強姦等の不法な行為により反日感情が醸成され、治安回復が進まないため、軍人個人の行為を厳

重に取り締まるとともに、速やかに慰安設備を整える必要があるとの趣旨の通牒の発出があったこと、また、慰安施設は士気の振興、軍紀の維持、犯罪及び性病の予防等に対する影響が大きいため、慰安の諸施設に留意する必要があるとの趣旨の教育指導参考資料の送付が軍内部であったこと。

②慰安婦の募集に当たる者の取締りについては、軍の威信を保持し、社会問題を惹起させないために、慰安婦の募集に当たる者の人選を適切に行うようにとの趣旨の通牒の発出が軍内部であったこと。

③慰安施設の築造・増強については、慰安施設の築造、増強のために兵員を差し出すべしとの趣旨の命令の発出があったこと。

④慰安所の経営・監督については、部隊毎の慰安所利用日時の指定、慰安所利用料金、慰安所利用にあたっての注意事項等を規定した「慰安所規定」が作成されていたこと。

⑤慰安所・慰安婦の衛生管理については、「慰安所規定」に慰安所利用の際は避妊具を使用することを規定したり、慰安所で働く従業婦の性病検査を軍医等が定期的に行い、不健康な従業婦においては就業させることを禁じる等の措置があったこと。

⑥慰安所関係者への身分証明書等の発給については、慰安所開設のため渡航する者に対しては軍の証明書により渡航させる必要があるとする文書の発出があったこと。

⑦その他、業者が内地で準備した女子が船舶輸送される予定であることを通知する報の発出があったこと。

(4) 以上のように、いわゆる従軍慰安婦問題に政府の関与があったことが認められた。

【資料Ⅱ】

いわゆる従軍慰安婦の調査結果について（抜粋）

（平成４年７月公表調査発見分）

〔各項目は、資料No.につづいて、①文書件名「簿冊の表題」 ②時期（昭和年月日） ③発出者 ④宛先 ⑤記述の概要、の順になっている〕

1. 慰安所の設置に関するもの

〔防衛庁関係〕

No.4 ①軍人軍隊の対住民行為に関する注意の件「歩兵第41連隊陣中日誌（昭和13.7） ②13.7.13 ③北支那方面軍参謀長 ④隷下部隊 ⑤軍占領地域内の日本軍人の住民に対する不法行為（強姦事件）により、反日感情を醸成していると言われることから、軍人個人の行為を厳重に取り締まると共に、なるべく速やかに性的慰安の設備を整えることが緊要である等。

No.11 ①支那事変の経験より観たる軍紀振作対策「陸密第1955号軍紀振作対策（昭和15年） ②15.9.19 ③陸軍省副官 ④関係陸軍部隊 ⑤支那事変地では、特に環境を整理し、慰安施設に関して周到なる考慮を払い、殺伐な感情及び劣情を緩和抑制することに留意を要すること、及び、慰安施設は士気の振興、軍紀の維持、犯罪及び性病の予防等に対する影響が大きいため、慰安の諸施設に留意する必要がある等。

No.24 ①戦場に於ける特殊現象と其の対策（戦場心理の研究各論）（研究論文）「戦場に於ける特殊現象と其の対策」（昭和12年11月～14年11月）」 ②14.6 ③国府台陸軍病院付陸軍軍医中尉 ④陸軍軍医部（推定） ⑤戦場における特異事項として、細菌戦、毒瓦斯、戦争恐怖と陣中逃亡、防諜とスパイ、戦争と妄想・幻覚など人間心理についての研究論文。

慰安婦・慰安所関係記事は、「性欲と強姦」の項で、皇軍威厳を傷つける強姦を防ぐ目的で中支に兵站機関が慰安所を開設したこと等につき記述あり。

No.49 ①軍人軍隊の対住民行為に関する注意の件「歩兵第９旅団陣中日誌（昭和13.7）」 ②13.6.27 ③北支那方面軍参謀長 ④隷下部

隊　⑤軍占領地域内の日本軍人の住民に対する不法行為（強姦事件）により、反日感情を醸成していると言われることから、軍人個人の行為を厳重に取り締まると共に、なるべく速やかに性的慰安の設備を整えることが緊要である等。(No.4と同じ)

2.　慰安婦の募集に当たる者の取締りに関するもの

〔防衛庁関係〕

No.1　①軍慰安所従業婦等の募集に関する件「支受大日記密（昭和13年)」 ② 13.3.4　③陸軍省副官　④北支那方面軍及び中支那派遣軍参謀長　⑤支那事変他に於ける慰安所の従業婦女等の募集に任ずる者の人選を適切にする等、軍の威信保持上並びに社会問題上遺漏なき様配慮されたい等。

(「**3.　慰安施設の築造・増強に関するもの**」省略)

4.　慰安所の経営・監督に関するもの

〔防衛庁関係〕

No.63　①軍慰安並娯楽設備状況調査の件（通牒）② 18.8.10　③セブ憲兵分隊長　④タクロバン憲兵分隊長　⑤バギオ分隊から照会あり、貴管内の下記状況を至急調査しバギオ分隊へ直接回答されたい。「慰安所：町名、数、慰安婦数、料金時間」 ①「第14軍憲兵隊軍事警察月報（昭和18年)」(回答)　② 18.8.14　③タクバロン憲兵分隊長　④セブ憲兵分隊長　⑤上記に対するタクロバン憲兵分隊長からの回答。(町名、慰安所数、慰安婦数、料金時間、参考事項)

No.64　①慰安所に関する規定「独立守備歩兵第35大隊陣中日誌（昭和17.4.1～6.30)」 ② 17.6.6　③独立守備歩兵第35大隊　④所属員　⑤慰安所営業時間、金額、各隊の利用日、衛生施設に関しては見習い士官が担当すること等。

No.65　①慰安所使用日割表「独立守備歩兵第35大隊陣中日誌（昭和17.10.1～10.31)」 ② 17.10.5　③第10独立守備隊　④所属部隊員　⑤慰安所使用日割表の中で部隊の曜日毎の使用日を指定（使用時間は兵、下士官別に規定)。

〔外務省関係〕

No. 43　①昭和13年中に於ける在留邦人の特殊婦女の状況及其の取締竝に租界当局の私娼取締状況（在上海総領事館警察署沿革誌に依る）「外務省警察史　在上海総領事館」 ②13　③不明　④不明　⑤酌婦について、昭和4年に公娼廃止に代わるべき便法として料理店酌婦制度を設け、抱酌婦の改善を計ってきていたが、昭和7年の上海事変勃発と共に我が軍部隊の当地駐屯増員に依り、これら兵士の慰安機関の一助として海軍慰安所を設置し現在に至っている。昭和13年末現在、貸席11軒（内地軍慰安所7軒を含む）抱酌婦191名（内地人171名、朝鮮人20名）となり、海軍慰安所7軒は海軍下士官兵を専門としており、かつ酌婦の健康診断も陸戦隊及び当館警察官吏立会いの上毎週1回専門医をして実施している。その他当館管内に陸軍慰安所臨時酌婦300名がいる。

No. 47　①昭和12年　在天津総領事館塘沽出張所警察署警察史　特殊営業竝に特殊婦女取扱「外務省警察史　在天津総領事館塘沽出張所」 ②12　③同上【不明】　④同上【不明】　⑤昭和12年末における料理店は、営業者は内地人5名、朝鮮人3名、従業芸妓13名、酌婦内地人15名、酌婦朝鮮人54名であり、当地は北支の関門である関係上、皇軍の通過、駐屯部隊が多く、これらを相手にしたこの種の営業は賑わいを極めており、この取締りに関しては、月1回営業監査を実施し、従業婦女に対しては、毎週金曜日現地開業医の健康診断を実施し、伝染性疾患竝に性病の有無を検査している。

No. 50　①「外務省警察史　在九江領事館」 ②13.12.1　③同上【不明】　④同上【不明】　⑤開館当時の邦人関係の状況として、昭和13年12月1日の九江在留邦人は557名であるが、その大部分は軍を対象とする飲食店、酒保、写真業、特殊慰安関係者で、いずれも一時的在留者であるが、就中全人口の40%を占めるいわゆる特殊婦人は軍の命令によって移動している状態である。

No. 51　①「外務省警察史　在南京総領事館」 ②13.4.16　③同上【不明】　④同上【不明】　⑤昭和13年4月16日に南京総領事館に於いて開かれた陸海外三省関係者会同において、在留邦人の各種営業許可及び取締りに関して次のとおり決定した。

陸海軍に専属する酒保及び慰安所は陸海軍の直接経営監督するものであるので、領事館は関与しないが、一般に利用されているいわゆる

酒保及び慰安所については、この限りではなく、業者に対する一般の取締りは領事館が、出入りする軍人軍属に対する取締りは憲兵隊が処理することとする。なお憲兵隊は必要な場合、随時臨検その他の取り締まりをなすことができる。また、将来兵站部の指導により設置される軍専属の特殊慰安所は憲兵隊が取り締まる。また、軍専属の酒保及び特殊慰安所を陸海軍において許可した場合は、軍憲より随時その業態、営業者の本籍、住所氏名、年齢、出生、死亡その他身分上の異動を領事館に通報する。

5. 慰安所・慰安婦の衛生管理に関するもの

〔防衛庁関係〕

No.25　①副官会同実施の件「陸支密大日誌39号　陸軍省（昭和17年）②17.10.3　③支那派遣軍参謀長　④陸軍省副官　⑤支那派遣軍の隷下部隊等の副官による会同の意見を纏めたもの。現在軍の交付中の衛生サックの交付を各慰安所経営者に払い下げてほしいとの意見あり。その理由は、従来は各業者が市販品を購入し無料で交付していたが、市販品は払底し入手困難になったこと。軍の規定で交付するよりも業者が交付するほうが有効なること。各人に交付しても持参する者がほとんどないこと、各人に交付すると慰安所以外に立入り事故発生の誘因となる恐れがあること。

〔外務省関係〕

No.40　①昭和11年中に於ける在留邦人の特殊婦女の状況及其の取締（在上海総領事館警察署沿革誌に依る）「外務省警察史　在上海総領事館」②11　③不明　④不明　⑤酌婦について、昭和11年末現在において、海軍慰安所たる料理店3軒を含む軒数は10軒、酌婦数131名（内、内地人102名、朝鮮人29名）であり、その内7軒は海軍下士兵を専門としており、かつ酌婦の健康診断も陸戦隊員及び当館警察官吏立会いの上毎週2回専門医をして施行している他、慰安所に対しては海軍側とも協調取締りを厳格にし、かつ新規開業を許さないこととしている。

No.43　①昭和13年中に於ける在留邦人の特殊婦女の状況及其の取締竝に租界当局の私娼取締状況（在上海総領事館警察署沿革誌に依る）

「外務省警察史　在上海総領事館」 ②13　③同上【不明】 ④同上【不明】 ⑤酌婦について、昭和４年に公娼廃止に代わるべき便法として料理店酌婦制度を設け、抱酌婦の改善を計ってきていたが、昭和７年の上海事変勃発と共に我が軍部隊の当地駐屯増員に依り、これら兵士の慰安機関の一助として海軍慰安所を設置し現在に至っている、昭和13年末現在、貸席11軒（内地軍慰安所７軒を含む）抱酌婦191名（内地人171名、朝鮮人20名）となり、海軍慰安所７軒は海軍下士官兵を専門としており、かつ酌婦の健康診断も陸戦隊及び当館警察官吏立会いの上毎週１回専門医をして実施している、その他当館管内に陸軍慰安所臨時酌婦300名がいる。

No.47　①昭和12年　在天津総領事館塘沽出張所警察署警察史　特殊営業竝に特殊婦女取扱「外務省警察史　在天津総領事館塘沽出張所」 ②12　③同上【不明】 ④同上【不明】 ⑤昭和12年末における料理店は、営業者は内地人５名、朝鮮人３名、従業芸妓13名、酌婦内地人15名、酌婦朝鮮人54名であり、当地は北支の関門である関係上、皇軍の通過、駐屯部隊が多く、これらを相手にしたこの種の営業は賑わいを極めており、この取締りに関しては、月１回営業監査を実施し、従業婦女に対しては、毎週金曜日現地開業医の健康診断を実施し、伝染性疾患竝に性病の有無を検査している。

6.　慰安所関係者への身分証明書等の発給に関するもの

〔防衛庁関係〕

No.51　①南方派遣渡航者に関する件　②17.3.12　③台湾軍司令官　④陸軍大臣　⑤南方総軍がボルネオ行き慰安土人50名の派遣方要求してきており、経営者３名の渡航認可を申請（在台湾）。　①「陸亜機密大日記第22号　2/3陸軍省（昭和17年）」 ②17.3.16　③陸軍省副官　④台湾軍参謀長　⑤上記の件につき認可。

〔外務省関係〕

No.1　①支那渡航者に対する身分証明書発給に関する件「支那事変に際し邦人の渡支制限並取締関係雑件　各種証明関係　身分証明関係第二巻」 ②12.12.15　③福岡県知事　④内務大臣　外務大臣　⑤身分証明書を発給した者の名簿の中に、上海北四川路海軍慰安所酌婦とし

て呼び寄せを受けた朝鮮人と思われる女性２名（本籍が朝鮮半島）の名前あり。

No. 11-1　①同上【渡支取締方の件「支那事変に際し邦人の渡支制限並取締関係雑件　邦人渡支取締に関する拓務省報告（第１巻）」】②14.1.17　③台中州知事　④台湾総督　各州知事庁長　各郡守警察署長　⑤昭和13年12月中に「慰安所従業員として身分証明書並びに外国旅券発給を行った者として、南支方面に内地人2、朝鮮人57、本島人16の計75、累計132の記述がある。

No. 11-3　①同上【渡支取締方の件「支那事変に際し邦人の渡支制限並取締関係雑件　邦人渡支取締に関する拓務省報告（第１巻）」】②14.3.11　③同上【台中州知事】　④同上【台湾総督　各州知事庁長　各郡守警察署長】　⑤昭和14年２月中に「慰安所従業員」として身分証明書並びに外国旅券発給を行った者として、南支方面に朝鮮人3、本島人１の計4、累計136の記述がある。

No. 11-4　①同上【渡支取締方の件「支那事変に際し邦人の渡支制限並取締関係雑件　邦人渡支取締に関する拓務省報告（第１巻）」】②14.4.18　③同上【台中州知事】　④同上【台湾総督　各州知事庁長　各郡守警察署長】　⑤昭和14年３月中に「慰安所従業員」として身分証明書並びに外国旅券発給を行った者として、南支方面に朝鮮人３の計3、累計139の記述がある。

No. 35　①南洋方面占領地に於ける慰安所開設に関する件「大東亜戦争に際し南方地域（占領地を含む）渡航制限並取締関係雑件」②17.1.10　③台湾総督府外事部長　④外務大臣　⑤南洋方面占領地に於いて軍側の要求により慰安所開設のため渡航しようとする者（従業者も含む）の取扱振りについて指示を仰ぐもの。

No. 36　①南洋方面占領地に対し慰安婦渡航方の件（No. 35への回答）「大東亜戦争に際し南方地域（占領地を含む）渡航制限並取締関係雑件」②17.1.14　③外務大臣　④台湾総督府外事部長　⑤この種の渡航者に対しては軍の証明書により渡航させるよう回答

No. 37　①仏印より内地、満州国、支那、「タイ」向旅行許可に関する件「大東亜戦争に際し南方地域（占領地を含む）渡航制限並取締関係雑件」②18.2.8　③西貢支部長代理　④大東亜大臣　⑤軍従属者（御用商人、飲食業者、慰安所従業員等）への旅券、国籍証明書の許与に

ついて、軍との間に解釈の違いがあるので、本省において陸海軍と協議決定した上での指示を仰ぐもの。
（「**7.　その他（慰安所、慰安婦に関する記述一般）等**」省略）

【資料Ⅲ】
いわゆる従軍慰安婦問題について（全文）

平成５年８月４日
内閣官房内閣外政審議室

1.　調査の経緯

いわゆる従軍慰安婦問題については、当事者による我が国における訴訟の提起、我が国国会における論議等を通じ、内外の注目を集めて来た。また、この問題は、昨年１月の宮澤総理の訪韓の際、盧泰愚大統領（当時）との会談においても取り上げられ、韓国側より、実態の解明につき強い要請が寄せられた。この他、他の関係諸国、地域からも本問題について強い関心が表明されている。

このような状況の下、政府は、平成３年 12 月より、関係資料の調査を進めるかたわら、元軍人等関係者から幅広く聞き取り調査を行うとともに、去る７月 26 日から 30 日までの５日間、韓国ソウルにおいて・太平洋戦争犠牲者遺族会の協力も得て元従軍慰安婦の人たちから当時の状況を詳細に聴取した。また、調査の過程において、米国に担当官を派遣し、米国の公文書につき調査した他・沖縄においても、現地調査を行った。調査の具体的態様は以下の通りであり、調査の結果発見された資料の概要は別添の通りである。

調査対象機関　警察庁、防衛庁、法務省、外務省、文部省、厚生省、労働省、国立公文書館、国立国会図書館、米国国立公文書館

関係者からの聞き取り

元従軍慰安婦、元軍人、元朝鮮総督府関係者、元慰安所経営者、慰安所付近の居住者、歴史研究家等

参考とした国内外の文書及び出版物

韓国政府が作成した調査報告書、韓国挺身隊問題対策協議会、

太平洋戦争犠牲者遺族会など関係団体等が作成した元慰安婦の証言集等。なお、本問題についての本邦における出版物は数多いがそのほぼすべてを渉猟した。

本問題については、政府は、すでに昨年7月6日、それまでの調査の結果について発表したところであるが、その後の調査をもふまえ、本問題についてとりまとめたところを以下のとおり発表することとした。

2. いわゆる従軍慰安婦問題の実態について

上記の資料調査及び関係者からの聞き取りの結果、並びに参考にした各種資料を総合的に分析、検討した結果、以下の点が明らかになった。

(1) 慰安所設置の経緯

各地における慰安所の開設は当時の軍当局の要請によるものであるが、当時の政府部内資料によれば、旧日本軍占領地域内において日本軍人が住民に対し強姦等の不法な行為を行い、その結果反日感情が醸成されることを防止する必要性があったこと、性病等の病気による兵力低下を防ぐ必要があったこと、防諜の必要があったことなどが慰安所設置の理由とされている。

(2) 慰安所が設置された時期

昭和7年にいわゆる上海事変が勃発したころ同地の駐屯部隊のために慰安所が設置された旨の資料があり、そのころから終戦まで慰安所が存在していたものとみられるが、その規模、地域的範囲は戦争の拡大とともに広がりをみせた。

(3) 慰安所が存在していた地域

今次調査の結果慰安所の存在が確認できた国又は地域は、日本、中国、フィリピン、インドネシア、マラヤ(当時)、タイ、ビルマ(当時)、ニューギニア(当時)、香港、マカオ及び仏領インドシナ(当時)である。

(4) 慰安婦の総数

発見された資料には慰安婦の総数を示すものはなく、また、これを推認させるに足りる資料もないので、慰安婦総数を確定す

るのは困難である。しかし、上記のように、長期に、かつ、広範な地域にわたって慰安所が設置され、数多くの慰安婦が存在したものと認められる。

(5) 慰安婦の出身地

今次調査の結果慰安婦の出身地として確認できた国又は地域は、日本、朝鮮半島、中国、台湾、フィリピン、インドネシア及びオランダである。なお、戦地に移送された慰安婦の出身地としては、日本人を除けば朝鮮半島出身者が多い。

(6) 慰安所の経営及び管理

慰安所の多くは民間業者により経営されていたが、一部地域においては、旧日本軍が直接慰安所を経営したケースもあった。民間業者が経営していた場合においても、旧日本軍がその開設に許可を与えたり、慰安所の施設を整備したり、慰安所の利用時間、利用料金や利用に際しての注意事項などを定めた慰安所規定を作成するなど、旧日本軍は慰安所の設置や管理に直接関与した。

慰安婦の管理については、旧日本軍は、慰安婦や慰安所の衛生管理のために、慰安所規定を設けて利用者に避妊具使用を義務付けたり、軍医が定期的に慰安婦の性病等の病気の検査を行う等の措置をとった。慰安婦に対して外出の時間や場所を限定するなどの慰安所規定を設けて管理していたところもあった。いずれにせよ、慰安婦たちは戦地においては常時軍の管理下において軍と共に行動させられており、自由もない、痛ましい生活を強いられたことは明らかである。

(7) 慰安婦の募集

慰安婦の募集については、軍当局の要請を受けた経営者の依頼により斡旋業者らがこれに当たることが多かったが、その場合も戦争の拡大とともにその人員の確保の必要性が高まり、そのような状況の下で、業者らが或いは甘言を弄し、或いは畏怖させる等の形で本人たちの意向に反して集めるケースが数多く、更に、官憲等が直接これに加担する等のケースもみられた。

(8) 慰安婦の輸送等

慰安婦の輸送に関しては、業者が慰安婦等の婦女子を船舶等で

輸送するに際し、旧日本軍は彼女らを特別に軍属に準じた扱いにするなどしてその渡航申請に許可を与え、また日本政府は身分証明書等の発給を行うなどした。また、軍の船舶や車輌によって戦地に運ばれたケースも少なからずあった他、敗走という混乱した状況下で現地に置き去りにされた事例もあった。

【資料Ⅳ】

いわゆる従軍慰安婦問題の調査結果について（抜粋）

（平成5年8月公表調査発見分）

〔各項目は、資料No.につづいて、①文書件名「簿冊の表題」 ②時期（昭和年月日） ③発出者 ④宛先 ⑤記述の概要、の順になっている〕

〔防衛庁関係〕

No. 71 ①日々命令「独立山砲兵第3連隊本部陣中日誌（乙）（昭和16.4)」 ② 16.4.9 ③高森部隊長 ④高森部隊 ⑤部隊における特殊慰安所業務規定の改正。利用時間及び利用料金の改正。

No. 72 ①日々命令「独立山砲兵第3連隊陣中日誌（昭和 14.1-4)」 ② 14.1.7 ③不明 ④不明 ⑤別紙のとおり慰安所監督将校を差し出すべし。

No. 73 ①副官会同席上意見、質疑及び回答「陸支密大日記第39号陸軍省（昭和17年)」 ② 17.9 ③支那派遣軍総参謀長 ④陸軍省副官 ⑤慰安施設の少ない上海地区に増設の考慮を要望。上海地区の慰安施設として特殊慰安所16ケ所、酌婦数140名。

No. 74 ①慰安所開業に伴う会報「独立守備歩兵第35大隊陣中日誌（昭和 18.1-2)」 ② 18.2.13 ③独立守備歩兵第35大隊 ④所属部員 ⑤下士官及び兵用の第3慰安所を2月14日から開業。14日以降、慰安所料金（30分）は、下士官2円、兵1円50銭と定める。
フィリピン島人慰安所の料金に関しては従前通りとす。

No. 75 ①電報照会「父島要塞司令部参謀部陣中日誌（昭和 17.1-12)」 ② 17.4.11 ③東部軍参謀部 ④父島要塞 ⑤東軍参電第93号：準備完了した慰安婦を何日頃出発させて可なりや。父要参電第115号：

設備完了次第報告、５月中旬の予定。
①電報照会「父島要塞司令部参謀部陣中日誌（昭和17.1-12)」 ②17.4.14 ③父島要塞 ④東部軍 ⑤父要参電第117号：業者用建物完成は５月末日の予定。業者の世帯数、総人数を家族と慰安婦に区分して承知したい。
①電報照会「父島要塞司令部参謀部陣中日誌（昭和17.1-12)」 ②17.4.16 ③東部軍副官 ④父島要塞 ⑤東部副電第135号：特殊飲食店は15名宛２件の予定。
№76 ①慰安婦営業開始に伴う会報「野戦高射砲第45大隊第１中隊陣中日誌（昭和17.5)」 ②17.5.16 ③不明 ④不明 ⑤５月16日14時より日本慰安婦営業を開始す。南慰安所 13名 第２将校倶楽部 10名 値段 兵 １時間２円 他は従前通り。第２将校倶楽部のサービス料は玉代の半分とする。日本人 30分１円 現住民 30分 50銭 慰安所に於いて経営者の規定通り料金を支払わざる者あり、今後、違反者は処罰せらるるに付き注意ありたし。
№84 ①無形戦力軍紀関係資料第５号 支那事変に於ける軍紀風紀の見地より観察せる性病について「支那事変の経験に基づく無形戦力軍紀風紀関係資料（案)」 ②15.11 ③大本営陸軍研究班 ④なし ⑤蘇州陸軍病院他の提示した性病患者についての統計資料を編集したもの。受病者数については、相手国籍別（日本、朝鮮、支那等）の統計あり。
№85 ①軍政規集 昭和18年11月11日 第３号 馬来軍政監部「軍政部内処諸規定部内関係書類綴（昭和18.6-19.6)」 ②18.11.11 ③馬来軍政監部 ④なし ⑤・慰安所施設及び旅館営業取締規定（馬来監達第28号） 慰安施設の区分、位置及び地方担当事項について規定。
・慰安所施設及び旅館営業遵守規則（馬来監達第29号） 地方長官の認可事項、健康診断等受診、収支計算書の提出、別冊で稼業婦の範囲等について規定。
№86 ①軍政月報 馬来軍政監部 ②19.2.29 ③馬来軍政監部 ④所要の関係機関 ⑤昭和19年２月分衛生サックの配給状況 軍専用特殊慰安所料理店倶楽部用１ケ月分として 衛生サック75,000個 過マンガン酸加里７瓩を各州市向に慰安婦数に応じて配給す。尚今後毎月引続き補給の予定なり。

№96　①独立山砲兵第3連隊陣中日誌　②20.1.15　③師団副官部　④なし　⑤慰安所の利用について口達、その他隷下部隊長から慰安婦の増加について要望。

№99　①陸支普大日記6号　②16.12.27　③支那派遣軍総司令官　④陸軍大臣　⑤慰安所に於ける軍人同志の傷害事件、その他窃盗、酌婦に対する殴打暴行事件に関する報告。

①陸支普大日記7号　②17.1.30　③支那派遣軍総司令官　④陸軍大臣　⑤慰安所に於ける上官暴行脅迫及び情婦に対する花代詐取に関する報告。

①陸支普大日記9号　②17.3.18　③第13師団長　④陸軍大臣　⑤慰安婦との同棲を約束した陸軍1等兵が嫉妬興奮により慰安婦を傷害し自殺した事件に関する報告。

①陸支普大日記9号　②17.3.30　③第11軍司令官　④陸軍大臣　⑤衛生軍曹が衛生材料等を横領し馴染慰安婦に与えていた事件に関する報告。

①陸支普大日記9号　②17.3.30　③支那派遣軍総司令官　④陸軍大臣　⑤慰安所内における陸軍軍曹の拳銃暴発の事件に関する報告。

①陸支普大日記9号　②17.3.10　③第116師団長　④陸軍大臣　⑤慰安所遊興費に窮した陸軍曹長の詐欺事件に関する報告。

①陸支普大日記9号　②17.4.7　③支那派遣軍総司令官　④陸軍大臣　⑤慰安所に於ける陸軍兵長の上官暴行脅迫に関する報告。

①陸支普大日記9号　②17.3.9　③第37師団長　④陸軍大臣　⑤慰安婦に対する陸軍軍曹の誤解による暴行脅迫事件に関する報告

①陸支普大日記9号　②17.3.27　③第22師団長　④陸軍大臣　⑤帰隊時期を逸して慰安所から逃亡した事件に関する報告。

①陸支普大日記9号　②17.4.26　③第58師団長　④陸軍大臣　⑤慰安所での飲酒後、内務班にて実砲4発を発射した陸軍1等兵に関する報告。

①陸支普大日記9号　②17.5.3　③中支軍派遣憲兵隊司令官　④なし　⑤飲酒酩酊無断外出し、慰安婦の面前で叱責されたのに激昂し小隊長に暴行した陸軍下士官に関する報告。

①陸支普大日記10号　②17.5.5　③第32師団長　④陸軍大臣　⑤娼妓の廃業に要する金銭のため収賄した陸軍主計中尉に対する軍法会議

の判決文の報告。
② 17.4.28　③第 39 師団長　④陸軍大臣　⑤酌婦、慰安婦に対する軍人軍属の非行に関する概要報告。
①陸支普大日記 13 号　② 17.10.5　③第 3 飛行師団長　④陸軍大臣
⑤慰安所閉店のため民間人を脅迫姦淫した後自殺した陸軍曹長に関する報告。

〔以下の各項目は、資料No.につづいて、①文書件名　②時期（年月日）　③著者　④地位　⑤記述の概要、の順になっている〕

No.110　①今村均大将回想録　② 15.2.　③今村均　④陸軍大将　⑤南支　⑥第 22 軍の管理部長の話　話は下がかりますが、きょう自動車で 15 名ほどの抱え主につれられ、150 名程の慰安婦が到着し、軍管理部で、家屋の都合はつけました。全部を南寧に留めてよいか、近衛部隊は南寧から 8 ㎞も離れた部落におりますので、そちらに何名程移らせたらよいか、ご決定を願い、その方の設備は、桜田旅団でやっていただきたいと存じております。
右の日から 10 日程たち、憲兵隊が、各部隊の南寧慰安所使用状況を一表にして、参考のためといい、各隊に配布してきた。
No.111　①花柳病の積極的予防法　② 14.6.26　③麻生徹男　④第 11 軍第 14 兵站病院陸軍軍医少尉　⑤中支　⑥第 11 軍の軍医会同にて発表された論文であり、娼婦からの花柳病感染の深刻さを指摘し、娼婦の軍による統制、花柳病予防のための対策を提言する内容
「昨年 1 月小官上海郊外勤務中、一日命令により、新に奥地へ進出する娼婦の検黴を行いたり。この時の被検者は半島婦人 80 名、内地婦人 20 余名にして……（中略）……半島人の若年齢かつ初心なる者多きと興味ある対象をなせり。そは後者の内には今次事変に際し応募せし、未教育補充とも言うべきが交りおりしためならん」との記述あり。
No.116　①ビルマ・イラワジの誓　② 19・7　③八江正吉　④【空欄】
⑤南西　⑥川岸には半島出身の慰安婦達が、おびえた声でひしめいているのが哀れであった。

〔法務省関係〕（バダビア臨時軍法会議の記録）

〔以下の各項目は、資料No.につづいて、①事件　②被告人　③判決事実の概要　の順になっている〕

No.1　①ジャワ島セラマン所在の慰安所関係の事件　(1) 1947年11月22日付け臨時軍法会議付託決定書に基づくもの　(2) 1948年12月14日付け臨時軍法会議付託決定書に基づくもの　② (1) 事件について（合計8名）陸軍軍人4名（A～D）陸軍に雇われた民間人4名（E～H）　(2) 事件について（1名）陸軍軍人1名 (1)　③ A（元陸軍大佐）；兵站関係担当将校として、ジャワ島セラマンほかの抑留所に収容中であったオランダ人女性らを慰安婦として使う計画の立案と実現に協力したものであるが、慰安所開設後（1944年2月末ころ)、女性らが同意の上抑留所を出て自発的に慰安所で働くという軍本部の許可条件が満たされていないことを知り得たのに、その監督を怠り、同年4月ころ、事態を知った軍本部が慰安所閉鎖を命じるまでの間、部下の軍人又は民間人が慰安所で女性に売春を強要するなどの戦争犯罪行為を行うことを黙認した。(判決・有期刑15年)　　B（元陸軍少佐）；兵站関係担当将校として、上記慰安所開設許可を軍本部に申請したものであるが、慰安所開設の際（1944年2月末ころ)、軍本部の上記許可条件を満たしていないことを知っており、女性の全員又は多くが強制なしには売春に応じないであろうことを察知し得たにもかかわらず、監督を怠った事実、及び、慰安所で女性を脅して売春を強制するなどし、また部下の軍人又は民間人がそのような戦争犯罪行為を行うことを知り、又は知り得たのにそれを黙認した。(判決・死刑)

C（元陸軍少佐）；1944年2月末ころから同年4月までの間、部下の軍人や民間人が上記女性らに対し、売春をさせる目的で上記慰安所に連行し、宿泊させ、脅すなどして売春を強要するなどしたような戦争犯罪行為を知り又は知り得たにもかかわらずこれを黙認した。(判決・有期刑10年)　　D（元陸軍大尉）；1944年2月末ころから同年4月までの間、上記女性らに対し、売春をさせる目的で上記慰安所に連行し、また部下の軍人や民間人のそのような戦争犯罪行為を知り又は知り得たにもかかわらずこれを黙認した。(判決・有期刑2年)

E（民間人）；1944年2、3、4月ころ、それぞれセマラン所在の慰安所を経営し、上記女性約7名ないし11名に対し、脅すなどして

売春を強制した。（判決・有期刑 20 年）　F（民間人）；判決事実はEと同様。（判決・有期刑 10 年）　G（民間人）；判決事実はEと同様。（判決・有期刑 15 年）　H（民間人）；判決事実はEと同様。（判決・有期刑７年）　I（元陸軍中将）；上記慰安所の開設許可を軍本部から得るよう部下に命じたものであるが、部下の軍人又は民間人が、上記軍本部の許可条件を満たさないのに女性らを抑留所から慰安所に連行して、軍本部からの命令により慰安所が閉鎖されるまでの 1944 年 3、4 月ころ、女性に売春を強制するなどの戦争犯罪行為を行ったことに関し、そのような部下の行為を知り又は察知し得たのであるからこれを未然に防ぐか止めさせるべきであったのに、監督を怠り、必要な措置及び命令を怠ってこれを黙認した。（判決・有期刑 12 年）

No.２　①ジャワ島バタビア所在の慰安所関係の事件　1946 年 9 月 28 日付臨時軍法会議付託決定書に基づくもの　②慰安所経営者であった民間人１名　③ 1943 年 9 月から 1945 年 9 月頃までの間、ジャワ島バタビアにおいて、民間人のために設立された慰安所を経営し、同施設において売春させるための女性を募集し又は募集させ、応募してきた女性が辞めたがった場合には直接あるいは間接的に脅迫し、自由に辞めることができないようにして、売春を強制し、その自由を奪った。（判決・有期刑 10 年）

〔外務省関係〕

〔以下の各項目は、資料No.につづいて、①文書件名　②時期（年月日）　③著者　④地位　⑤記述の概要、の順になっている〕

No.12-7　①渡支取締に関する件「支那事変に際し邦人の渡支制限並取締関係維持　邦人渡支取締に関する拓務省報告（第１巻）」　② 14・5・12　③高雄州知事　④台湾総督　各郡守警察署長　⑤昭和 14 年 4 月分の渡航目的調査表の中に、「軍慰安所関係」として南支方面に内地人 2・朝鮮人 12、計 14 の記述がある。

No.14-5　①渡支取締に関する件「支那事変に際し邦人の渡支制限並取締関係維持　邦人渡支取締に関する拓務省報告（第１巻）」　② 13.12.14　③新竹州知事　④台湾総督　各州知事庁長　総督官房外務

部長　⑤昭和13年11月中に「軍慰安所の酌婦及び雇人」として身分証明書並びに外国旅券発給を行った者として上海方面に内地人4、計4、南支方面に内地人15、朝鮮人29、本島人1、計45の記述、「軍慰安所経営」として上海方面に内地人2、計2の記述がある。

No.19-2　①渡支取締に関する件「支那事変に際し邦人の渡支制限並取締関係　邦人渡支取締に関する拓務省報告（第2巻）」②14.12.12　③台南州知事　④警務局長　外務部長　⑤昭和14年11月分の渡航目的調査表の中に、「慰安所」として南支方面に内地人2、朝鮮人39、計41の記述がある。

No.34-7　①九江在留民職業別人口報告の件「在外本邦人職業別人口表一件（第15巻）」②14.3.6　③九江領事代理　④外務大臣　⑤昭和14年3月1日現在の在留民職業別人口統計表の中に「特殊慰安所」の分類で、内地人37、朝鮮人30、計67の記述、「同就業特殊婦人」の分類で、内地人76、朝鮮人123、計199の記述がある。

No.34-8　①九江在留民職業別人口統計表進達の件「在外本邦人職業別人口表一件（第15巻）」②14.4.15　③九江領事代理　④外務大臣　⑤昭和14年4月1日現在の在留民職業別人口統計表の中に「特殊慰安所」の分類で、内地人51、朝鮮人35、計86の記述、「同就業婦人」の分類で、内地人93、朝鮮人95、計188の記述がある。

〔国立公文書館関係〕

No.1-1　①満受大日記　陸軍省（11冊の内其5）「北支那竝満州国視察報告」②9.3　③工兵第4大隊中隊長陸軍工兵大尉　④陸軍大臣　⑤慰安法を講ずることは最も緊要である。重大使命を果して帰営してもこれに対する物質的慰安はなく待つのは廃屋のような古兵営だけでは軍心は弛み易く荒れ易くなる。志気振興上最も重大なる時と信じるので諸施設を完備し、指揮官は部下を把握することで軍心を倦ましめないよう努力すべきである。

No.5　①共産党の我軍隊に対する思想的瓦解工作の真相と之か防遏方策（昭和14年4月5日）②14.4.5　③北支那方面軍司令部　④なし　⑤軍及び高等司令部は、思想悪化の原因となるべき諸要素を除くために軍人の慰安施設を出来るだけ良くしてやること。

No.20　①朝鮮総督府部内臨時職員設置制中を改正す（昭和19年7月

12日） ②19.7.12 ③内務大臣 ④内閣総理大臣 ⑤経済統制に伴う警察事務に従事する者の増員説明 半島に於ける民衆は民度低き為に戦時下に於ける労務の重要性に対する認識なお浅く勤労報国隊の出動をも甚しく徴用なりと為し一般労務募集に対しても忌避逃亡し或は不正暴行の挙に出ずるものあるのみならず未婚女子の徴用は必至にして中にはこれらを慰安婦となすが如き荒唐無稽なる流言巷間に伝わり此等悪質なる流言と相候［俟—著者注］って労務事情は今後益々困難に赴くものと予想される。こうして労務の緊迫化に伴い曩に第1次及第2次の現員徴用を実施し更に第3次徴用も目下計画中であるが朝鮮内外に於ける労務者の供給確保の為には労務動員手段の強化、労務者移動防止稼働率の向上は必至にしてこの成果を発揚する為には、1.国民徴用令、労務調整令違反の絶滅 2.労務に関する悪質流言の取締 3.対象工場、鉱山、事業場に於ける労務者の就労確保（移動防止、稼働率向上、労務斡旋等）の援助 4.本府斡旋労務者の供出に対する協力 5.日傭労務者統制機構（労務報公会）の指導 6.生産増強賃金対策の維持（賃金統制令違反取締）等警察力を以て指導取締を強化すると共に濃厚なる協力援助とを必要とす。

〈国会図書館〉

〔以下の各項目は、資料記号につづいて、①文書件名 ②時期（年月日）③地名 ④内容 ⑤記述の概要、の順になっている〕

ATIS（連合軍翻訳通訳部局）関係文書

№10-IR-25 ①尋問調書（Interrogation Report） ②空欄 ③ラバウル ④日本人捕虜の供述 ⑤ラバウルには2つの慰安所があり、朝鮮人と日本人を合わせて約100人くらいの女性がいた。

№10-IR-37 ①尋問調書 No.37 ②1943.2.23 ③空欄 ④日本人捕虜（非軍人）の供述 ⑤部隊が大挙して駐屯した場所には、陸軍と海軍の双方によって直ちに慰安所が設けられた。通常、朝鮮人と中国人の女性が雇われたが、時折現地女性も混じっていた。営業利益は当該軍隊（Services）に入った。

№10-IR-46 ①尋問調書 No.46 ②空欄 ③マニラ、ダヴァオ ④日本人捕虜の供述 ⑤マニラとダヴァオに慰安所があり、朝鮮人女性がいた。これらの慰安所は陸軍によって公認されていたが、営業利益は

経営者に入っていたと思う。

No. 10-IR-48　①尋問調書 No.48　② 1943.4.7　③空欄　④日本人捕虜（軍人）の供述　⑤慰安所は陸軍内に設置され、そこにいた女性のほとんどは日本人と朝鮮人であった。

No. 10-RR-120（1）　①調査報告書（Resaearch Report）　② 1945.11.15　③空欄　④連合軍内部で作成した調査報告書　⑤日本軍における娯楽

II - 9. 慰安所

a. 規則

（1）マニラ

（a）1943.2. 軍発行の「軍公認の食堂及び慰安所に関する規則」より

5.　軍公認の食堂または慰安所を経営しようとする者は下記の文書をマニラ軍当局に提出しなければならない。経営者は営業経験のある日本人に限る。

a. 開業許可申請書：3 部　b. 営業計画書：3 部　c. 宣誓供述書：3 部　d. 履歴書：3 部

6.　開業を許可された者は営業に必要な雇員一覧表（3 部）、各雇員の履歴書（1 部）、慰安婦（芸者、酌婦）申請書（3 部）をマニラ軍当局に提出すること。右手続きが完了し、営業地の視察並びに雇員の身体検査が終了して初めて開業が許可される。

7.　雇員の変更を希望する場合は軍当局の許可を得ること。従って、離任を希望する慰安婦は申請書を提出しなければならない。慰安婦の配置換えを希望する際も申請書を提出しなければならない。

8.　慰安婦の増員を希望する経営者は軍当局に通知すること。身体検査の日時を追って通知する。身体検査終了後、診断書、履歴書、身分証明書を軍当局に通知すること。許可前に慰安所内に立ち入ることを禁ずる。

9.　軍公認の食堂または慰安所として使用される建物は軍当局の認可を受けなければならない。規則を遵守できない経営者は強制退去させる。建物の修繕が必要な場合には必ず事前に届け出ること。

10.　慰安婦は、原則として契約期間の終了後も再雇用してよい（但し右は少なくとも 1 年以上海外にいた者には適用しない）。雇用の継続を希望する者は軍当局に申請し許可を得ること。

11.　軍当局は、原則として未成年者を芸者もしくは酌婦として雇用することを禁ずる。但し一定の条件により未成年者をメイドとして雇用することを許可する場合がある。未成年者の雇用には軍当局の許可を必要とする。
13.　営業時間は午前０時まで（食堂については午後11時まで）とする。

（b）マニラ陸軍発着所で押収された軍命令草案・会報集（1944,8.14.～1944.10.14.）より

1.　経営者は診療所より健康証明書及びサックを常備すること
2.　料金は次のとおり。タイム・カード、40分。兵卒、1.50円。下士官、2.50円。軍属、4.00円。
3.　利用日時
　　a. 曜日　水曜日　司令部の下士官以上、第１～第４行政部隊の半数
　　　　　　日曜日　作業部隊の下士官以上、第５～第８行政部隊の半数
　　b. 時間　兵卒　12:00から17:00まで
　　　　　　下士官　12:00から17:00まで
4.　下記規定を遵守すべし。
　　a. 軍の威厳を保つこと。軍の機密保持を常に念頭に置くこと。
　　b. 暴力行為、酒酔い、雇員に対する不当な要求を禁ずる。
　　c. 慰安所内での飲食を禁ずる。
　　d. 処方溶液による消毒措置を行うこと。
5.　上記規則を犯した者は以後慰安所への出入りを禁ずる。

（2）南部地域。南部指令部（おそらく上海地域）発行の軍慰安所関係の諸期則

（a）南部軍兵舎特別慰安所に関する規則

1.　本規則は南部軍兵舎の開設された慰安所に適用する。
2.　軍人、軍属及び特に許可された者以外の者、中毒により暴行をはたらく者、他人に迷惑または危害を及ぼす者は厳に出入りを禁ずる。
3.　慰安所内で宴会を催すこと、また飲食物の持ち込みを禁ずる。

4.　兵舎指揮官の認めた軍人以外による慰安所の視察を禁ずる。

5.　料金表

階級	時間	料金		
		日本人	朝鮮人	中国人
将校	1時間	3.00	3.00	2.50
	宿泊　午前0時から	10.00	10.00	7.50
	午後10時から	15.00	15.00	10,00
下士官	1時間	2.50	2.50	2.00
	30分	1,50	1.50	1.00
非軍人	1時間	2.00	2.00	1.50
	30分	1.50	1.50	1.00
備考 1. 宿泊は午後10時より翌朝6時まで 2. 1時間を超えた場合は超過分につき1時間分の料金を課す				

6.　営業時間は次のとおり。非軍人　10時より16時まで
下士官　16時10分より18時40分まで

7.　営業日　日曜日：司令部及びその直属部隊
月曜日：第1大隊、第4野戦病院
火曜日：第2大隊及びその他の部隊
水曜日：司令部及びその直属部隊、第3大隊
木曜日：第1部隊（但し午前は身体検査終了後）
金曜日：第2大隊、第4野戦病院
土曜日：第3大隊

8.　下士官、非軍人の宿泊利用は禁止する。

9.　第1木曜日は定休日とする。

10～12.　毎週木曜日の午前、軍医による性病検査を行う。

13～14.　慰安婦は身分証明書を携行すること。身分証明のない慰安婦は営業を禁ずる。

15. コンドームを常に使用すること。使用しない者が発見された場合には、経営者、慰安婦ともに厳しく罰する。

(b) 特別慰安所経営規定

1.～2. 規定に反して働いた者は、業務停止あるいは業務禁止とする。

3.～4. 毎週木曜日午前、慰安婦は性病の検査を受けること。経営者及びその家族も月２回検査を受けること。検査の結果、「不適」と認められた慰安婦については、許可が出るまで他者との接触を禁ずる。

5. 経営者はコンドーム、ワセリン、寝具、たん壷、料金表等を備える。

6. 飲食物の販売を禁ずる。

7. （消毒等衛生上の配慮）

8.～9. 売上げは経営者と慰安婦との折半とする。慰安婦の光熱費、寝具等の費用は経営者負担とするが、衣服、化粧品等の代金は慰安婦負担とする。ただし営業中に病気になった場合の治療費は両者折半とする。

10. 経営者は毎週土曜日に営業報告を提出する。

(3) タクロバン

「タクロバン慰安所規定」から抜粋

1.～2. フィリピン人慰安婦を擁する特別慰安所に関する規定をここに定める。

3.～5. 司令官が慰安所を管理・監督し、日本人経営者に経営させる。軍医が衛生面について管理・監督する。慰安所の使用は軍人・軍属に限る。

6. 経営者は、寝具を清潔にすること、飲食物の販売の禁止、病気の慰安婦の勤労禁止等の措置を遵守すること。

7. 利用者は、私服の着用、飲酒しての入所禁止、飲食物の持ち込み禁止、軍用による前払い等の規則を遵守すること。

8.～10. （営業時間、階級別の利用時間等につき規定）

(4) プラウエン（タクロバン司令部管内）

「慰安所規定」(1944.8.) から抜粋

1.～3. 当慰安所の利用は軍人、軍属に限る。当慰安所は、タクロバ

ン戦区航空司令官が監督する。
4. ～ 6. （階級、部隊別に料金、利用日・時間帯を規定）
7. 利用者は、軍事機密に関する注意、飲食の禁止、消毒の励行等の規則を遵守すること。

(5) ラバウル
「ラバウルにおける海軍慰安所に関する注意事項」（15 対空防衛部隊所有）から抜粋
1. ～ 3. （海軍慰安所として 6 件。営業時間、料金を規定。）
4. ～ 9. 飲酒を禁ずる。利用者はコンドームを使用すること。等

b. ビルマ
(1) 1944.8.10.、妻及び 20 名の慰安婦とともに捕虜となった民間人慰安所経営者の証言
・ソウルで食堂を営んでいたが、経営に行き詰まり、陸軍司令部からの誘いに応じて、慰安婦をビルマに連れていく許可を軍に申請した。1 名当たり 300 円から 1000 円を家族に払い、22 名の朝鮮人女性を買った。陸軍司令部は輸送、配給等についての便宜を図ってくれるよう全ての軍司令部に対し要請する旨の書簡を発出してくれた。703 人の他の朝鮮人、90 人の日本人とともに 1942.7.10.、釜山から出航し 8.20. ラングーンに到着した。ラングーンで 20 ～ 30 名のグループに分けられ、ビルマ各地に配置された。
・ミートキーナでは自分のを入れて全部で 3 つの慰安所があり、63 名の慰安婦がいた。3 か所にはそれぞれ 22 人の朝鮮人女性、29 人の朝鮮人女性、21 人の中国人女性（カントンで買われた）がいた。
・慰安婦は売上げの半分を受領し、自由な通行、食料の支給、医療関係費用無料という条件で雇用されていた。家族への前渡金及び利息を弁済すれば、自由に朝鮮に帰ることができた。しかし、戦況の影響で自分の慰安所にいた慰安婦は誰も帰国を許されなかった。1943 年 6 月に 15 の陸軍司令部は弁済の済んだ慰安婦を帰国させる手配をしたが、条件を満たして帰国を希望していた 1 人の慰安婦は説得されて引き続き現地に留まった。
・自分の慰安所では、慰安婦の平均収入は月当たり 300 円～ 1500 円

であったが、規則で最低月150円は経営者に収めることになっていた。
・慰安所は114歩兵連隊の監督下にあり、通常2名の兵士が利用者の監視のため派遣されてきていた。憲兵も1名慰安所を警備していた。1日の慰安所の利用者数は、兵士・下士官が80～90名、士官が10～15名であった。慰安所内では酒類は自由に販売されていたが、泥酔者が出ないよう憲兵が監視していた。
・1944.7.31.の夜中に、63名の慰安婦及び経営者MYITKYINAからの避難を開始した。10隻の小船でイラワジ川を渡った。20名の中国人慰安婦はジャングルに残され、中国軍の手に委ねられた。8・10に捕らえられたが、63名中4名は途中で死亡し、2名は日本軍兵士と誤認されて射殺されていた。
(2)～(5) ビルマ地域各部隊の日本兵捕虜の証言
・個々の師団には5～6の慰安所があり、日本人及び朝鮮人の慰安婦がいた。
・兵隊の娯楽のため慰問団がいたが、ラングーンまでしか来なかった。AKYABには朝鮮人と日本人の慰安婦がおり、何人かはHPARABYIN、更にはALECHANGYAWまで連れて来られた。

C. スマトラ
捕虜（1942.11.11.PAPAK1橋の近くで捕らえられた）の証言
・BELAWANに軍の慰安所があり、NARUMONDAから連れてきた現地人女性2名と中国人女性6名がいた。

d. 南西太平洋地域
捕虜（6名）の証言及び日記
・ラバウルには2つの慰安所があり、朝鮮人及び日本人の慰安婦が合計で約100名いた。
・軍が慰安所を提供していたが、兵士2000人に対し1人の女性しかいなかった。
・ラバウルには約20、ココポ地域には5の慰安所があった。女性は全て日本人、主たる慰安所は将校が管理しており、一般の人はめったに入れなかった。
・ラバウルの慰安婦たちは、爆撃を避けるため、軍人たちより数カ月

早く送り帰された。

10-RR-120（2） ①調査報告書（Resaearch Report） ② 1945.2.16.
③【空欄】 ④連合軍内部で作成した報告書
⑤「日本軍における娯楽」
II - 9. 慰安所
民間人捕虜（1942.1210.GONA で捕らえられる）の証言
「日本軍が大規模に駐屯する場合には、即座に慰安所が設置された。朝鮮人、中国人の女性が雇用されたが、現地人女性が雇用されることもあった。」

a. ビルマ
捕虜 4 名の証言
・各部隊には 5 ～ 6 の慰安所が設けられていた。朝鮮人及び日本人の慰安婦がいた。1 時間当たりの料金は将校が 5 円、兵卒が 4 円、軍属が 3 円であった。避妊具の使用が義務づけられており、慰安婦は定期的に検診を受けていた。
・日曜日は自分の休日であったので、しばしば慰安所に通った。将校は週日いつでも慰安所に行くことができたが、彼らには専用の慰安所があり、そこには恐らく日本人慰安婦がいたのだと思う。（10-RR-120（1）と証言に重複あり）

b. スマトラ
捕虜 1 名の証言
（10-RR-120（1）と同一の証言）

c. 南西太平洋地域
（10-RR-120（1）と同一の証言）

〈米国国立公文書館〉
連合軍東南アジア翻訳・尋問センター（SEATIC）関係文書
SEA-116 ① SEATIC 時報 No.116 ② 1945.3.31 ③ビルマ ④日本人捕虜（軍曹）の供述調書 ⑤マンダレー～ミチナー鉄道沿線におい

ては、鉄道に沿った日本軍駐屯地のほとんど全てに慰安所があり、通常朝鮮人と中国人の慰安婦がいた。

戦争情報局（United States Office of War Information）関係資料

OWI-49　①心理戦チーム報告書 No.49　② 1944.10.1.　③ビルマ　④ 20 名の朝鮮人慰安婦及び慰安所経営者２名への尋問結果（於：ミートキーナ）を基に作成した報告書　⑤序文：従軍慰安婦（comfort girIs）とは日本軍に特有の語で、軍人の用に付すため軍に属せられた売春婦のことをいう。ここでの記述はビルマの朝鮮人従軍慰安婦に関するものである。日本軍は 1942 年にこのような朝鮮人慰安婦を 703 人ほどビルマに向けて出航させたともいわれている。
募集：1942 年５月、日本人の業者が朝鮮半島に赴き、東南アジアにおける「軍慰安業務」のためとして女性を募集した。高収入、家族の借金返済のための好機、軽労働等の宣伝に応じて多くの女子が勤務に応募し、２～ 300 円の前払報酬を受領した。彼女たちの大半は無知、無学の者であった。自ら署名した契約により、前借り金の額に応じ半年から１年間の仕事に従事させられた。このような方法で約 800 名の女子が募集された。彼女らは 1942.8.20. ころラングーンに経営者とともに上陸した。彼女らは８～ 22 名からのグループに分けられ、ビルマ各地域の日本陸軍駐屯地近くの町々に送られた。最終的には４つのグループがミートキーナ周辺に配された。
慰安婦の特性：慰安婦の平均年齢は 25 歳ほどであり、無学で子供っぽく、気まぐれでわがままであった。彼女らは自分の職業は嫌いだと主張し、その職業や家族について語ることを好まなかった。アメリカ兵から親切な取り扱いを受けたため、彼女らは、アメリカ兵は日本兵よりも上があると感じた。彼女らは、中国兵、インド兵を恐れていた。
生活及び労働条件：ミートキーナにおいては、通常２階建ての大きな建物に住んでおり、一人一部屋を与えられていた。そこで彼女らは生活し、眠り、仕事をしていた。食事は経営者が用意したものであった。食事や生活用品はそれほど切り詰められていたわけではなく、彼女らは金を多く持っていたので、欲しいものを買うことが出来た。兵士からの贈り物に加えて、衣服、靴、煙草、化粧品を買うことが出来た。
　ビルマにいる間、彼女らは将兵とともにスポーツをして楽しんだり

ピクニックや娯楽、夕食会に参加した。彼女らは蓄音機を持っており、町に買い物にでることを許されていた。
料金：彼女らが業務を行う条件は陸軍によって規制されていた。陸軍は、混雑の激しい地域においては、特定の場所に展開している様々な部隊のために、料金、優先順位、日程割を設定することが必要であると考えていた。（階級別に利用時間、料金を表示）将校は20円で宿泊が許されていた。
日程割：陸軍は門限に非常に厳しかったので、兵士が女性に会えないまま帰らなければならない場合が多かった。この問題を解決するため、陸軍は曜日毎に慰安所を利用できる部隊を割り当てた。（メイミョーの慰安所について、曜日毎の利用部隊名を列挙）。将校は毎晩慰安所を利用することができた。兵士たちは入口で料金を払い、左側に料金が記され右側に慰安所の名前が記された2インチ四方のカードを受け取る。慰安婦は客を断る特権を与えられていた。
収入及び生活条件：慰安所経営者は、契約時の負債額に応じて、慰安婦の売上げの50乃至60パーセントを受け取っていた。多くの経営者は、食糧その他の品物に高価格を課すことによって、慰安婦の生活を困窮させていた。1943年後半、陸軍は、負債の弁済を終えた何人かの慰安婦は帰国して良い旨の命令を出した。これにより帰国を許された慰安婦がいた。
慰安婦の健康状態は良好であった。彼女らは避妊具が充分に与えられており、兵隊たちもしばしば軍支給の避妊具を自ら持参した。日本人の軍医が週に1度慰安所を訪れ、罹病した慰安婦は治療、隔離し、入院させることもあった。
日本兵士への対応：日本の将兵との関係において、尋問調書の中で言及されているのはA大佐及びB少将の2名の名前のみである。この2人は極めて対照的であった。前者は厳しく利己的で、部下に対して思いやりがなく、周囲に嫌悪感を感じさせる人物であった。後者は好人物で、親切、部下に対して最大限の配慮をしていた。
兵士たちの対応：大抵の日本人兵士は、慰安所において他人に見とがめられるのを嫌っており、満員時に列を作って順番を待たなければならないことを恥ずかしがる傾向があった。他方、結婚を申し込むケースが多くあり、現実に結婚に至ったケースもあった。

最も質が悪いのは、酔っていて、翌日前線に向けて出発する兵士であった。彼らはいくら泥酔していても軍事事項や機密を口にすることはなかった。慰安婦たちが軍事に関することを話そうとしても、女性らしくない話題であるとして叱った。
軍事的状況への対応：慰安婦らは軍事的状況についてはほとんど知らない模様である。ただし、「ミートキーナへの最初の攻撃に際し、200名の日本人兵士が戦死し、残りの200名ほどで町を守らなければならなくなった」等の証言がある。連合軍の爆撃のため、慰安婦らは捕らえられる直前の日々はほとんど壕の中で過ごした。1～2名の慰安婦はそこでも仕事を続けた。慰安所は爆撃に遭い、何人かの慰安婦は負傷、若しくは死亡した。
退却、捕虜：彼女らの退却と捕獲の経緯は詳細不明であるが、いくつかの報告によれば恐らく次のとおり。7月31日夜半に、3つの慰安所の慰安婦、経営者家族、手伝い人計63名のグループが小舟でイラワジ川を渡った。彼らはWaingmaw近くに着岸したらしく、そこに8月4日まで留まった。そこから兵士たちのたどった小道を辿って行ったが、8月7日に敵軍との小競り合いがあり、グループは分裂した。慰安婦らは兵隊からは3時間遅れでついて来るように指示されたが、川の岸辺で兵士の姿もなく、川を渡る手だてもなくなり、近くの民家で8月10日まで過ごした。そこで英国人に率いられたKachin（カチン族）兵に捕らえられた。
宣伝：慰安婦らは、反日本軍を訴える宣伝についてはほとんど見聞したことがなかった。
要望：慰安婦らは、慰安婦が捕らえられた旨を記すパンフレットを使用すると他の慰安婦の生命に係わるのでやめてくれと要望している。

〔別添〕（本報告書内の情報を得るために尋問した20名の朝鮮人慰安婦、2名の日本人民間人の氏名、年齢、住所の一覧表）

写真資料
262580　①（空欄）　② 1944.8.14　③ビルマ　④米軍による写真　⑤ミートキーナ付近で捕虜となった朝鮮人慰安婦たちの写真
247386　①（空欄）　② 1944.9.8.　③中国　④米軍による写真　⑤中

国のSung Shanで捕らえられた朝鮮人慰安婦を米軍兵士が尋問しているところの写真
262578　①（空欄）　② 1944.8.3.　③ビルマ　④米軍による写真　⑤ミートキーナで捕らえられた日本人慰安婦を米軍兵士が尋問しているところの写真
262579　①（空欄）　② 1944.8.14　③ビルマ　④米軍による写真　⑤ミートキーナ付近で捕虜となった慰安婦たちの写真

【資料V】

慰安婦関係調査結果発表に関する内閣官房長官談話

（全文）　　　　［いわゆる「河野談話」］（平成5年8月4日）

いわゆる従軍慰安婦問題については、政府は、一昨年12月より、調査を進めて来たが、今般その結果がまとまったので発表することとした。

今次調査の結果、長期に、かつ広範な地域にわたって慰安所が設置され、数多くの慰安婦が存在したことが認められた。慰安所は、当時の軍当局の要請により設営されたものであり、慰安所の設置、管理及び慰安婦の移送については、旧日本軍が直接あるいは間接にこれに関与した。慰安婦の募集については、軍の要請を受けた業者が主としてこれに当たったが、その場合も、甘言、強圧による等、本人たちの意思に反して集められた事例が数多くあり、更に、官憲等が直接これに加担したこともあったことが明らかになった。また、慰安所における生活は、強制的な状況の下での痛ましいものであった。

なお、戦地に移送された慰安婦の出身地については、日本を別とすれば、朝鮮半島が大きな比重を占めていたが、当時の朝鮮半島は我が国の統治下にあり、その募集、移送、管理等も、甘言、強圧による等、総じて本人たちの意思に反して行われた。

いずれにしても、本件は、当時の軍の関与の下に、多数の女性の名誉と尊厳を深く傷つけた問題である。政府は、この機会に、改めて、その出身地のいかんを問わず、いわゆる従軍慰安婦として数多の苦痛を経験され、心身にわたり癒しがたい傷を負われたすべての方々に対

し心からお詫びと反省の気持ちを申し上げる。また、そのような気持ちを我が国としてどのように表すかということについては、有識者のご意見なども徴しつつ、今後とも真剣に検討すべきものと考える。

われわれはこのような歴史の真実を回避することなく、むしろこれを歴史の教訓として直視していきたい。われわれは、歴史研究、歴史教育を通じて、このような問題を永く記憶にとどめ、同じ過ちを決して繰り返さないという固い決意を改めて表明する。

なお、本問題については、本邦において訴訟が提起されており、また、国際的にも関心が寄せられており、政府としても、今後とも、民間の研究を含め、十分に関心を払って参りたい。

【資料Ⅵ】
元「慰安婦」の方々に対する内閣総理大臣の手紙

拝啓

このたび、政府と国民が協力して進めている「女性のためのアジア平和国民基金」を通じ、元従軍慰安婦の方々へのわが国の国民的な償いが行われるに際し、私の気持ちを表明させていただきます。

いわゆる従軍慰安婦問題は、当時の軍の関与の下に、多数の女性の名誉と尊厳を深く傷つけた問題でございました。私は、日本国の内閣総理大臣として改めて、いわゆる従軍慰安婦として数多の苦痛を経験され、心身にわたり癒しがたい傷を負われたすべての方々に対し、心からのおわびと反省の気持ちを申し上げます。

我々は、過去の重みからも未来の責任からも逃れるわけにはまいりません。わが国としては、道義的な責任を感じつつ、おわびと反省の気持ちを踏まえ、過去の歴史を直視し、正しくこれを後生に伝えるとともに、いわれなき暴力など女性の名誉と尊厳に関わる諸問題にも積極的に取り組んでいかなければならないと考えております。

末筆ながら、皆様方のこれからの人生が安良かなものとなりますよう、心からお祈りしております。

敬具

平成８（1996）年　日本国内閣総理大臣　橋本龍太郎

著者略歴

琴秉洞（クム・ビョンドン）

本籍、朝鮮慶尚北道聞慶郡。
1927年、福岡生まれ。
元朝鮮大学校講師、元朝鮮大学校図書館副館長。

主要著書・編書

『関東大震災と朝鮮人』共編（みすず書房）1963年
『耳塚』（二月社）1978年、新版（総和社）1994年
『日韓問題シリーズ・腐敗する政治』（晩声社）1980年
『朝鮮人の日本人観』共編著（自由国民社）1986年
『関東大震災朝鮮人虐殺関連児童証言史料』編・解説（緑蔭書房）1989年
『関東大震災朝鮮人虐殺関連官庁史料』編・解説（緑蔭書房）1991年
『朝鮮人虐殺に関する知識人の反応（全2巻）』編・解説（緑蔭書房）1996年
『朝鮮人虐殺に関する植民地朝鮮の反応』編・解説（緑蔭書房）1996年
『資料　雑誌にみる近代日本の朝鮮認識（全5巻）』編・解説（緑蔭書房）1999年
『日本の朝鮮侵略思想』（朝鮮新報社）1999年
『金玉均と日本――その滞日の軌跡・増補新版』（緑蔭書房）2001年
『朝鮮人の日本観――歴史認識の共有は可能か』（総和社）2002年
『日本人の朝鮮観――その光と影』（明石書店）2006年

告発〈従軍慰安婦〉

2007年5月21日　初版第1刷発行

著　者　琴秉洞

発行者　川上　徹

発行所　同時代社
〒101-0065 東京都千代田区西神田2-7-6
電話 03-3261-3149　FAX 03-3261-3237

印　刷　モリモト印刷㈱

制　作　桑谷速人

ISBN978-4-88683-605-2　Printed in Japan